Bibliografische Information der Deutschen Nationalbibliothek:

Die Deutsche Bibliothek verzeichnet diese Publikation in der Deutschen National-
bibliografie; detaillierte bibliografische Daten sind im Internet über http://dnb.d-
nb.de/ abrufbar.

Impressum:

Copyright © 2016 GRIN Verlag, Open Publishing GmbH
Druck und Bindung: Books on Demand GmbH, Norderstedt Germany
ISBN: 9783668386105

Mike G.

Einführung in die Unternehmensführung. Zusammenfassung von Hutzschenreuter und Berghoff

GRIN Verlag

Zusammenfassung Sekundärliteratur BWL

BWL ist ein Massenfach der Moderne und begeistert jährlich immer mehr Studierende in aller Welt. Im Zuge eines BWL Studiums im ersten Semester kann die folgende Zusammenfassung äußerst nützlich sein um ein tiefer-greifendes Verständnis der Materie zu erlangen.

Im folgenden wurden relevante Auszüge aus *Hutzenreuter „Allgemeine Betriebswirtschaftslehre: Grundlagen mit zahlreichen Praxisbeispielen"* sowie aus „Moderne Unternehmensgeschichte" nach Hartmut Berghoff leicht verständlich, aber dennoch detailreich zusammengefasst. Eine Heranführung an die Märkte und Unternehmen, Finanzierung und Investition sowie weit-verbreitete Konzeptionen, Hypothesen und Theorien werden dargelegt und erläutert.

Allgemeine Betriebswirtschaftslehre nach Hutzschenreuter

Hutzenreuter „Allgemeine Betriebswirtschaftslehre: Grundlagen mit zahlreichen Praxisbeispielen"
*Gabler Verlag, **ISBN-13:** 978-3834907745*

Kapitel 1 bis 5

1. Unternehmen und Märkte
- Unternehmen sollten durch Anwendung bestimmter Wirtschaftslichkeitsprinzipien einen möglichst effizienten Einsatz der knappen Ressourcen zur Bedarfsbefriedigung ermöglichen.
- Märkte sind das Zusammentreffen von Nachfrage und Angebot, welche Unternehmen nachhaltig prägen.
  - Konkurrenz zu anderen Unternehmen benötigt Vorteile im Wettbewerb.
- Unternehmen sind sozio-ökonomische Systeme, welche planvoll Güter und Dienstleistungen erstellen und verwerten.
  - „Ökonomisch" beschreibt die Anwendung von Wirtschaftlichkeitsprinzipien.
- Menschen im Unternehmen verrichten ihre Aufgaben am betriebswirtschaftlichen Leistungsprozess.
  - Führungskräfte sind auch Mitarbeiter, da sie Führungsaufgaben und die Koordination übernehmen.
  - Gläubiger partizipieren am Unternehmensergebnis.
- Unternehmensplan bildet Grundlage der Organisation, welche durch Festlegung von Weisungs- und Entscheidungsbefugnissen ausdrückt.
- Unternehmen transformieren Input zu Output, meist in arbeitsteiligen Prozessen.
  - Entsteht nicht zum Selbstzweck, sondern dient der Zielerfüllung aller beteiligten Arbeiter.
  - Gewinnerzielungsabsicht der Eigentümer wird durch Transformation befriedigt, wobei entstandene Output-Produkte Bedürfnisse Dritter befriedigen.
  - **Notwendige Bedingung** ist Gründungsakt und bessere Bedarfsbefriedigung als Konkurrenz.
  - **Hinreichende Bedingung** ist Angebot an Vorteilen für bestimmte Gruppen, welche Erfolg des Unternehmens sichern können.
- **Wertekette nach Porter.**
  - **Primäre** Funktionen (direkt am Leistungsprozess beteiligt; Beschaffung, Produktion) und **unterstützende** Funktionen (indirekt am Leistungsprozess beteiligt; Personal, Finanzen).

- **Typologie von Unternehmen.**
  - **(1) Art der Eigentümer.**
    - Unternehmen als öffentliches Eigentum unterstehen (direkt oder indirekt) dem Staat.

- Privatwirtschaftliche Unternehmen stellen selbst eine juristische Person dar.
- Unternehmen können auch Stiftungen als Eigentümer aufweisen.
  - Stiftung hält die Aktien der Unternehmen und finanziert sich durch Dividendenausschüttung.
  - **Vorteile**: Erbstreitigkeiten wird entgegengewirkt, Unabhängigkeit des Unternehmens wird sichergestellt.
  - **(2) Größe des Unternehmens.**
    - Einteilung in kleine, mittlere und große Unternehmen gemäß Umsatz, Bilanzsumme und Mitarbeiterzahl (HGB).
  - **(3) Geographisches Ausmaß.**
    - Internationale U. besitzen eine ausländische Fertigungsstätte oder regelmäßigen Export.
    - Nationale U. beschränken sich auf das Gründungsland, meist Kleinu. wie Handwerksbetrieb.
  - **(4) Rechtsstellung.**
    - Kapitalgesellschaften und hybride Formen besitzen eine eigene Rechtspersönlichkeit.
    - Personengesellschaften dagegen sind keine juristische Person.
    => Gesellschafter besitzen nur Anteile, Geschäftsführer einer OHG ist voll verantwortlich.
  - **(5) Art der Führung.**
    - Eigentümergeführte Unternehmen wie Personengesellschaften oder einige hybride Formen.
    - Fremdgeführte Unternehmen werden von einem / mehreren Fremdmanagern geleitet.
      - Publikumsgesellschaften (börsennotiert) werden vom Vorstand geleitet um die Ziele der einzelnen Aktionäre zu erfüllen.

- Ressourcen sind nur begrenzt verfügbar, deshalb strebt man Ertrags-, Nutzen- oder Gewinnmaximierungen u.a. durch Vergleichsprozesse an.
  - Bauer wird begrenzt verfügbaren Dünger dazu nutzen eine Getreidesorte zu pflanzen, welche den höchsten Ertrag / Nutzen / Gewinn einbringen wird.
  - Wirtschaftliche Akteure verfolgen individuelle Ziele und Präferenzen, welche mit beschränkter Menge an Informationen (über Umfeld, Trends etc.) umgesetzt werden.

- **Unterscheidung von Gütern gemäß zweier Prinzipien.**
  - **Ausschlussprinzip**: Eigentümer besitzt das Recht andere Akteure eine Nutzung „seiner" Güter zu verweigern.
  - **Rivalitätsprinzip**: Nutzung eines Gutes von einem Akteur ermöglicht keine (gleichzeitige) Nutzung durch andere Akteure.
  - Unterscheidung von natürlichen Monopolen, privaten, öffentlichen und Allmendegütern.
    - **(1) Natürliche Monopole** sind z.B. Pay-TV; Ausschluss von nicht-Nutzern, aber keine Konkurrenz innerhalb der Nutzer.
    - **(2) Private Güter** sind Bedarfsgüter (Kleidung), Ausschluss von nicht-Benutzern und eigene Nutzung schließt Nutzung durch andere aus.
    - **(3) Öffentliche Güter** schließen weder nicht-Benutzer aus, noch müssen die Benutzer untereinander konkurrieren.
      - Musikfest kostet 5€ Eintritt, aber Anwohner können zuhören ohne zu bezahlen (free rider; Trittbrettfahrer).
    - **(4) Allmendegüter** besitzen keine Nutzungsbeschränkung, aber eine Konkurrenz der Nutzer, da sich auf einer öffentlichen Straße bei übermäßiger Nutzung Staus bilden.

- **Prozess des Wirtschaftens.**
  - (1) Probleme klar identifizieren.
  - (2) Problemlösungen suchen.
  - (3) Problemlösungsalternativen bewerten.
  - (4) Vergleich und Entscheidung für eine Alternative.

- ◦ (5) Umsetzung und Kontrolle der Alternative.
- ◦ Resultierende Folgen aus der Entscheidung können im Nachhinein mit anfänglichem Problem verglichen werden und ggf. ein neuer Prozess des Wirschaftens begonnen werden.
- ◦ Prozess wird nicht nur von Unternehmen (Lieferantenauswahl), sondern auch von privaten Haushalten (Autokauf) durchgeführt.

- **Entscheidungstheorie.**
  - ◦ Verhalten bzw. Entscheidungen von Einzelnen und Gruppen werden analysiert.
  - ◦ Ziele des Entscheidungsträgers und Handlungsalternativen werden betrachtet um Entscheidungsprobleme zu lösen.
  - ◦ Differenzierung zwischen der deskriptiven und präskriptiven Entscheidungstheorie.
    - ▪ **Deskriptiv**: Reales menschliches Entscheidungsverhalten wurde analysiert, Handlungsmöglichkeiten sind u.U. auch irrational / emotional.
      - • Prospect-Theorie von Kahnemann und Tversky (1979), Disappointment-Theorie, Regret-Theorie, Support-Theorie.
    - ▪ **Präskriptiv**: Lösung von Entscheidungsproblemen durch Vorgabe von Regeln an einen rational-handelnden Menschen.
      - • 2 Dimensionen (Informationsstand und Anzahl der Ziele) werden betrachtet.
      - • Abiturient kann sich zwischen 5 Arbeitgeber entscheiden, seine Ziele sind hohes Gehalt und Arbeitszeit.
        => Rationale (soweit mit Informationsstand möglich) Entscheidung soll getroffen werden.
      - • Je nachdem ob ein oder mehrere Ziele verfolgt werden und wie „vollkommen" die Infos sind, kann man Entscheidungen unter Unsicherheit oder Risiko treffen.
        - ◦ Entscheidungen unter Risiko kennen etwaige Eintrittswahrscheinlichkeiten, Hilfen bieten μ-Regel, (μ,σ)-Prinzip oder Bernoulli-Prinzip.
        - ◦ Entscheidungen unter Unsicherheit kennen keine Eintrittswahrscheinlichkeiten, Hilfen bieten Maximin-Regel, Maximax-Regel, Laplace-Regel oder Hurwicz-Prinzip.
      - • Bei Gruppenentscheidungen steht Abstimmungsprozess in Vordergrund.
        - ◦ Informationsaustausch, Präferenzenordnung und Abstimmungsphase nach Einstimmigkeitskriterium, Single-Vote-Kriterium oder Hare-Regel.

- **Wirtschaftlichkeitsprinzipien.**
  - ◦ Wenn Input (Kapital, Mitarbeiter etc.) fix ist, dann kann nur Output erhöht werden (Maximum-Prinzip).
  - ◦ Wenn Output (Fertigungsvorgaben) fix ist, dann muss Input verringert werden (Minimum-Prinzip).
  - ◦ Generelles Optimum-Prinzip // Minimax-Prinzip betrachtet Differenz aus Input und Output sowie dessen Vergrößerung.
  - ◦ Messung von Input und Output kann entweder mengenmäßig oder wertmäßig erfolgen.
    - ▪ Wertmäßige Betrachtung liefert vergleichbare Ergebnisse.

- **Wettbewersakteure und Wettbewerbsvorteile.**
  - ◦ Drei Marktakteure stehen im Mittelpunkt: Eigenes Unternehmen, Konkurrenten und Kunden.
  - ◦ Kunden mit Bedürfnissen setzen ihr begrenztes Budget zum Kauf für Güter der Bedürfnisbefriedigung ein.
    - ▪ Wenn mehrere Unternehmen gleiche / ähnliche Güter anbieten, entsteht Wettbewerb.
    - ▪ Kunden vergleichen Angebote gemäß **Wert/Preis-Verhältnis.**
      - • Wert ist Nutzen eines Produktes / Dienstleistung für einen Kunden.
      - • Preis wird vom Unternehmen verlangt und Kunde wägt ab, ob Preis dem Wert entspricht.
        => Schwierigkeit für Unternehmen besteht in der subjektiven Wahrnehmung der Kunden.

- Unternehmen benötigen **Wettbewerbsvorteile** im überleben zu können.
  - (I) Unternehmen erzielt einen Wert beim Kunden, welcher hohe Preise rechtfertigt.
  - (II) Wert/Preis-Verhältnis des Unternehmens ist besser als jenes der Konkurrenz.
  - (III) Gebiet des besseren Wert/Preis-Verhältnisses wird von Kunden wahrgenommen und kann vor Konkurrenz verteidigt werden.

- **Wettbewerbsformen.**
  - Wettbewerbsformen werden von Aktivitäten der Wirtschaftsakteure beeinflusst und verändern sich stetig, beeinflussen alle Unternehmensaktivitäten.
  - Zwei Dimensionen beschreiben Wettbewerbsform: Anzahl der Anbieter und Nachfrager.
    - **Monopol**: Ein Anbieter, viele Nachfrager; Monopolist ist Preissetzer, jedoch sinkt mit steigendem Preis auch die Nachfrage.
    - **Beschränktes Monopol**: Ein Anbieter, wenig Nachfrager (Pharmaindustrie mit einem neuartigen Medikament für eine wenig verbreitete Krankheit).
    - **Bilaterales Monopol**: Ein Anbieter, ein Nachfrager (Raumfahrtindustrieunternehmen beliefert nationale Raumfahrtbehörde).
    - **Oligopol**: Wenig Anbieter, viele Nachfrager (Strommarkt wird hauptsächlich von E.ON, RWE, EnBW und Vattenfall bedient).
      - Reizt zur Kartellbildung an, deshalb Kartellverbot in vielen Ländern (§ 1 GWB).
    - **Bilaterales Oligopol**: Wenig Anbieter, wenig Kunden (Flugzeugbau).
    - **Beschränktes Monopson**: Wenig Anbieter, ein Kunde (Rüstungsindustrie nur für Staat).
    - **Polypol**: Viele Anbieter, viele Nachfrager (Preis ist nur Datum; Bsp. Börse).
    - **Oligopson**: Viele Anbieter, wenig Nachfrager (Handelsgewerbe und deren Lieferanten).
    - **Monopson**: Viele Anbieter, ein Nachfrager (Bundeswehr schreibt Aufträge aus).

- **Theoretische Grundlagen zu Unternehmen.**
  - Neoklassische Unternehmenstheorie sieht Unternehmen als Einheit, welche Menge und Preis von Produkten festlegt.
  - Neoinstitutionalistische Unternehmenstheorie sieht Unternehmen als Organisationsform mit mehr Möglichkeiten zur Kostenreduktion bei wirtschaftlichen Prozessen als Markt.
    - Umfasst die Property-Rights-Theory, Transaktionskostentheorie und Principal-Agent-Theorie.
  - Non-Profit-Organizations zeichnen sich durch Gemeinnützigkeit aus.
    - Pro Bono Unterstützung für Sport, Wissenschaft, Bildung oder Kunst.
    => Social Entrepreneurship (Nachhaltigkeitsgedanke) entsteht und wird populärer.
  - Industrieökonomik stellt Interaktion der Marktteilnehmer untereinander in den Mittelpunkt.
    - Spieltheorie liefert Erklärungsansätze für wirtschaftliches Verhalten.

2. Unternehmertum und Unternehmensführung.

- Schwerpunkt des Marktes ist **Durchsetzung von Innovationen** bzw. „*schöpferische Zerstörung*", da mit den neuen Produkten ein besseres Wert/Preis-Verhältnis erzielt werden soll, was aber zur Ablösung bereits etablierter Angebote führt.
  - 5 Möglichkeiten für Innovationen der „schöpferischen Zerstörung".
    - (1) Herstellung eines neuen Gutes.
    - (2) Einsatz einer neuen Produktionsmethode.
    - (3) Erschließung neuer Absatzmärkte.
    - (4) Erschließung neuer Bezugsquellen.
    - (5) Neuorganisation (Schaffung einer Monopolstellung bzw. Aufbrechen einer bestehenden).
    => Fokus weniger auf Innovation als auf Durchsetzung des Neuen.

- Unternehmensgründungen verändern Marktbedingungen und stellen Risiken für andere Unternehmen dar.
  - Unternehmensgründung verhindern Marktmachtkonzentration und halten Wettbewerb aufrecht.
- Neu gegründete Unternehmen unterliegen zahlreichen Risiken.
  - **Marktrisiko**: Versteht das Unternehmen die Bedürfnisse der Kunden?
  - **Technologierisiko**: Richtige Produktspezifikationen müssen erarbeitet werden.
  - **Wettbewerbsrisiko**: Besseres Kundenverständnis erreichen als Konkurrenz.
  - **Managementrisiko**: Geschäftssystem muss Bedarfsbefriedigung gerecht werden und flexibel sein.
- Unterteilung der Unternehmensgründung in 2 Phasen: Rechtlicher Akt und ökonomischer Akt.
  - **Rechtlicher Akt**: Offizielles Anmelden bei staatlichen Behörden als eigenständige Wirtschaftseinheit (In DE durch Eintragung ins Handelsregister §2 HGB).
  - **Ökonomischer Akt**: Etablierung des Unternehmens als ernstzunehmender Konkurrent.
  - Störung des vorhandenen Gleichgewichts nicht nur auf dem Produktmarkt, sondern auch auf dem Kapital- und Faktormärkten durch Bezug von finanziellen Mitteln und Rohstoffen.
  - Arbeitsmarkt kann vermindert (Einstellungen) oder vergrößert werden (Rationalisierung).

- Unternehmensführung trägt Hauptverantwortung für Erfolg eines neuen Unternehmens.
  - Eigentumsmanager haften mit Eigenkapital, sodass Marktchancen gesucht, erkannt und besser genutzt werden als bei Fremdmanagern.

- **Corporate Entrepreneurship.**
  - Wegen Innovationsfähigkeit, welche der volatile Markt verlangt, werden Mitarbeitern immer mehr Eigenverantwortung übertragen, damit Kreativität besser genutzt werden kann.
  - **Ausgründung**: Arbeitnehmer von Mutterunternehmen gründen Tochtergesellschaft und werden durch VC-Gesellschaft der Mutter finanziell unterstützt.

- **Businessplan.**
- Soll systematische Auseinandersetzung mit Chancen und Risiken der Umwelt, aber auch Stärken und Schwächen des eigenen Unternehmens bieten.
  - Sorgfältige Planung für Unternehmensgründung unerlässlich, von Gesamtkonzept bis hin zu aufzuwendenden Ressourcen.
  - Beschäftigt sich primär mit dem UPS und dem Kundenproblemen, welche es lösen will.
    - Erstellt Plan, wie man mit o.g. ökonomischen Gewinn erzielen kann.
  - **Zweck eines Businessplans.**
    - Planungs-, Steuerungs- und Kontrollinstrument für den Gründer, dient der Akquisition von Kapital.
    - Strukturelle Erfassung eines Geschäftskonzepts und Vorstellung der potentiellen Investoren.
  - **Kapitalbeschaffung.**
    - Erste Investorengruppe sind Kapitalgeber aus dem privaten Umfeld der Gründer.
      - Familien, Freunde und Verwandte werden von Idee überzeugt und stellen Geld zur Verfügung.
    - Kapitalbeteiligungsgesellschaften bzw. Venture-Capital-Gesellschaften werden zusätzlich noch angefragt, da Geld der ersten Gruppe meist nicht ausreicht.
      - Investition nur, wenn Investoren von ausreichender Verzinsung des eingesetzten Kapitals überzeugt sind.
    - Kapital wird mit Rückgabe- und Verzinsungsversprechen geliehen, meist gegen Beteiligung.
    - **Fremdkapitalaufnahme** kann über Kreditinstitute oder öffentliche Institutionen erfolgen.
      - Fremdkapitalgeber übernimmt kein unternehmerisches, sondern Finanzierungsrisiko.
      - Rückzahlungssumme und -zeitraum werden vorher festgelegt.

- ○ **Aufbau eines Businessplans.**
  - ▪ Strukturierung des Businessplans variiert, aber einheitliches Standard gesucht.
    - • **(1) Exekutive Summary.**
      - ○ leitet Businessplan ein, gibt einen groben Überblick (2-3 Seiten), damit Interesse des Lesers geweckt wird.
    - • **(2) Produktidee.**
      - ○ Darstellung des Produktes für auf dem Markt vorhandenes Problem, keine technischen Details, eher Innovatives hervorheben (im Vergleich zur Konkurrenz).
    - • **(3) Unternehmerteam.**
      - ○ Investoren investieren Geld hauptsächlich in Personen, nicht in Ideen, deshalb nützliche Fähigkeiten jedes Teammitglieds hervorheben.
    - • **(4) Markt und Wettbewerb.**
      - ○ Marktpotential und -volumen herausstellen, Potential für Wachstum und Stärke der Konkurrenz werden analysiert sowie Auftritt am Markt.
    - • **(5) Strategie und Marketing.**
      - ○ Zielkundensegment benennen, deren Idealvorstellungen erläutern und eigenes Potential offenbaren; Kundensegment solle groß gewählt werden, da anfangs nur leichtes Unternehmenswachstum.
      - ○ UPS und Marketing-Mix müssen detailliert aufgelistet und erläutert werden.
    - • **(6) Geschäftssystem, Personal, Rechtsform, Organisation.**
      - ○ Fertigungstiefe muss aufgezeigt werden, Anfangs sollte sich auf core-values konzentriert werden, erwartetes Mitarbeiterwachstum muss Rekrutierungsstellen ggü. stehen.
    - • **(7) Realisierungsplan.**
      - ○ Aufgabenpakete und vordefinierte Ziele müssen angegeben und verfolgt werden um Investoren Glaubwürdigkeit zu vermitteln.
    - • **(8) Risiken.**
      - ○ Auflistung aller Risiken, Einschätzung und Beurteilung; Gegenmaßnahmen darlegen; Ehrlichkeit schafft Vertrauen,
    - • **(9) Ergebnis- und Finanzplanung, Finanzierung.**
      - ○ Finanzplan zeigt Kapitalbedarf auf, sollte schrittweise beschafft werden (nach Erreichen von Meilensteinen), vorhandene Kapitalgeber sollten angegeben werden.
      - ○ Zusammenfassung der Infos in Plan-GuV, Planbilanz und Cash Flow Prognosen.
  - ▪ Iterative Anpassung des Businessplans an die Geschäftsidee.
  - ▪ Inhalt sollte sich auf Expertengespräche, Marktstudien, Recherchen und persönliche Erfahrung stützen.

- • **Wahl der Rechtsformen.**
  - ○ Rechtsform bindet unternehmerisches Handeln in juristische Sphären ein.
  - ○ Unterteilung von Unternehmen in privatrechtlich und öffentlich.
    - ▪ Privatrechtliche Formen sind überwiegend in privatem Eigentum und verfolgen Gewinnerzielungsabsicht bzw. Einkommenserwerbsabsicht.
    - ▪ Öffentlich-rechtliche Formen verfolgen gesellschaftlich relevante Ziele und versuchen kostendeckend zu arbeiten.
  - ○ **Personengesellschaften.**
    - ▪ **Gesellschaft bürgerlichen Rechts GbR.**
      - • Vertraglicher Zusammenschluss mehrerer Personen zur Verfolgung eines gemeinsamen Ziels.
      - • Gesellschafter haften voll, GbR ist kein Unternehmen nach § 17 Abs. 1 HGB.
    - ▪ **Offene Handelsgesellschaft OHG.**
      - • Uneingeschränkte Haftung der Gesellschafter, Handelsgesellschaft nach § 17 Abs. 1 HGB.

- Unternehmensrechtsformzusatz und Name mindestens eines Gesellschafters beinhalten.
- Haftungskapital zu beschaffen ist schwieriger als bei anderen Rechtsformen, aber hohe Kreditwürdigkeit.
- Leistungsbefugnis liegt bei alles Gesellschaftern gleichermaßen, aber über Gesellschaftsvertrag veränderbar.
  - **Kommanditgesellschaft KG.**
  - KG hat zwei Arten von Gesellschaftern, Komplementäre und Kommanditisten.
    - Erstere haften uneingeschränkt, letztere nur in Höhe ihrer Kapitalbeteiligung.
  - Unternehmensrechtsformzusatz und Name mindestens eines Komplementärs beinhalten.
  - Durch Kommanditisten erleichterte Kapitalaufnahme, jedoch geringere Kreditwürdigkeit.
  - Leistungsbefugnis liegt immer bei Komplementären.
- **Kapitalgesellschaften.**
  - Trennung von Eigentum und Leistungsbefugnis nennt sich Fremdorganschaft.
  - Bei GmbH sind alle Gesellschafter zur Führung des Unternehmens verpflichtet, bei AG üben Aktionäre in Hauptversammlung ihre Eigentumsrechte aus.
    - Vorstand leitet die Gesellschaft in eigener Verantwortung.
      => Prinzipal-Agent-Verhältnis zwischen Vorstand und Aktionären.
    - Deutsche AG müssen dualistisches System anwenden, englische monistisches.
  - **Gesellschaft mit beschränkter Haftung GmbH.**
  - Handelsgesellschaft, Haftung der Gesellschafter auf Kapitaleinalge beschränkt.
  - Bezug zur Unternehmenstätigkeit oder Name eines Gesellschafters und Unternehmensrechtsformzusatz.
  - Stammkapital von 25 TEUR muss vor Gründung aufgebracht werden.
  - Geringe Kreditwürdigkeit wegen beschränkter Haftung, aber bessere Kapitalbeschaffung.
  - Notarielle Beurkundung des Gesellschaftsvertrages erforderlich zur Gründung.
  - Gesellschafter können natürliche oder juristische Personen sein, bilden die Gesellschafterversammlung.
  - Mehr als 500 Mitarbeiter erfordert einen Aufsichtsrat zur Kontrolle der Geschäftsführung sowie weitere Mitbestimmungsvorschriften.
  - **Unternehmergesellschaft UG // Mini-GmbH.**
  - Vereinfachung der GmbH, Gründung ohne Startkapital möglich.
    - 25% des Nettogewinns (abzgl. Verlustvortrag) müssen als Rücklagen einbehalten werden.
  - Keine Genehmigungsurkunde bei Eintragung ins Handelsregister notwendig.
  - Musterprotokolle dürfe Gesellschaftsvertrag, Geschäftsführerbestellung und Gesellschafterliste zusammenfassen.
  - **Aktiengesellschaft AG.**
  - Haftung der Aktionäre beschränkt sich auf deren Kapitaleinlage.
  - Gründung erfordert 50 TEUR Grundkapital und notariell beurkundete Satzung.
  - Gläubigerschutz, Publikationsvorschriften und Emissionscharakter erlauben AG einfache FK-Aufnahme über Anleger oder Kreditinstitute (bessere Bonität als GmbH).
  - Gewinne (ausgeschüttet oder einbehalten) unterliegen der Abgeltungssteuer.
  - Trennungsmodell der Organe einer AG (Vorstand, Hauptversammlung, Aufsichtsrat).
    - Hauptversammlung aus allen Aktionären (Beschlussorgan) bestimmt Vertreter des Aufsichtsrates.
    - Aufsichtsrat (Überwachungs- und Kontrollorgan) bestellt Vorstand, welcher Unternehmen führt (Zusammensetzung unterliegt Mitbestimmungsrechten).
  - **Societas Europaea SE.**
  - Europäische Aktiengesellschaft mit Haftung in Höhe der Kapitaleinlage.
  - Gründung nur durch juristische Personen unter einer der 4 folgenden Wege möglich.

- ○ (1) AGs aus mind. 2 EU-Statten schließen sich zur SE zusammen.
- ○ (2) AG, welche mind. 2 Jahre Tochtergesellschaft in EU-Staat betreibt, zur SE umwandeln.
- ○ (3) SE umfasst als Holding AGs aus mind. 2 EU-Staaten oder AG mit Tochtergesellschaft im EU-Staat seit 2 Jahren.
- ○ (4) SE als Tochtergesellschaft von AGs gegründet, welche in mind. 2 EU-Staaten sitzen oder eine AG mit Tochtergesellschaft seit 2 Jahren im EU-Staat.
- • SE-VO steht über nationalem Recht, bei fehlenden Vorschriften unterliegt nationalem Recht.
- • Mitbestimmungsrecht wie in DE gelten nicht, müssen zwischen Arbeitnehmer und -geber verhandelt werden.
- ○ Wurde SE umgewandelt, gilt nationales Mitbestimmungsrecht weiterhin (§ 34 Abs. 1 Nr. 1 SEBG).
- ○ Entstand SE aus Verschmelzung, gelten höchste Mitbestimmungsstandards einer beteiligten Gesellschaft (§ 34 Abs. 1 Nr. 2 und 3 SEBG).
- • Freie Wahl ob monistisches (Hauptversammlung und Verwaltungsrat) oder dualistisches System (Hauptversammlung, Aufsichtsrat, Vorstand) verfolgt wird.
- ▪ **Public Corporation (UK).**
- • Board of Directors nimmt Aufgaben eines Aufsichtsrates und Vorstandes wahr.
- ○ Mitglieder werden von Aktionären gewählt und entlassen.
- ○ Zusammensetzung aus Inside Directors (CEO, CFO) und Ourside Directors (unternehmensfremde Manager).
- ▪ Inside Directors besitzen Informationsvorteile und beeinflussen Board of Directors.
- • Board of Directors kann Ausschüsse für bestimmte Aufgabenbereiche aufstellen.
- ○ **Audit Committee** für Bereitstellung des Jahresabschluss und Prüfung.
- ○ **Nominating Commitee** für Auswahl der Mitglieder des Boards.
- ○ **Compensation Commitee** für Festlegung der Vergütung der Arbeitnehmer.

- • **Frauenquote und Diversity in Vorständen und Aufsichtsräten.**
- ○ Führungs- (Vorstand) und Kontrollgremien sind mit Frauen unterbesetzt.
- ▪ Knapp 25% der Aufsichtsratsmitglieder in DAX-30-Unternehmen sind weiblich, aber nur weil viele Arbeitnehmervertreter weiblich sind.
- ○ Ab 2016 müssen mindestens 30% der Aufsichtsratsmitglieder weiblich sein.
- ○ Anteil an ausländischen Vorstandsmitgliedern liegt bei 29%, davon viele aus USA, Österreich und Großbritannien.

- • **Kriterien für die Entscheidung der geeigneten Rechtsform.**
- ○ Mit jeder Rechtsform sind rechtliche und finanzielle Implikationen verbunden.
- ▪ Haftungsverhältnisse, Leistungsbefugnisse, Finanzierungsmöglichkeiten sind unterschiedlich.
- ○ **(1) Haftung:** Personengesellschaften (PG) haften uneingeschränkt, Kapitalgesellschaften (KaG) dagegen nur beschränkt.
- ○ **(2) Leistungsbefugnisse:** PG müssen Unternehmen selbst leisten, KaG können fähigere, externe Manager einstellen.
- ○ **(3) Finanzierung:** PG hohe Bonität, wenig Möglichkeiten der EK-Beschaffung, KaG geringe Bonität, viele Möglichkeiten der EK-Beschaffung.

- • **Unternehmensziele.**
- ○ Ziele bilden Aussagen mit normativem Charakter, da Unternehmen zur Zielerfüllung gegründet wurden.
- ○ Ziele mit vier Merkmalen zu beschreiben: Zielinhalt, Zielausmaß, Zielzeitbezug und Zielträger.
- ▪ **(1) Zielinhalt:** Wertziele (Gewinnziel), Sachziele (Festlegung des Leistungsprogramms) und Humanziele (Verhaltensweisen gegenüber Mitarbeitern).

- **(2) Zielausmaß**: Extremalziele (unbegrenzt, Gewinnmaximierung), Satifizierungsziele (Vorgaben, Eigenkapitalrendite von 25%), Diskretionsziele (genaue Zielzeit) und Intervallziele (Zeitintervall).
- **(3) Zielzeitbezug**: Zeitpunktziele und Zeitraumziele.
- **(4) Zielträger**: Individual- und Kollektivziele.

- **Corporate Social Responsibility CSR.**
  - Einbezug von ökologischen und sozialen Faktoren bei Unternehmenszielsetzung.
    - Freiwillig zu leistender Beitrag von Unternehmen um Beiträge zum Gemeinwesen zu leisten.
  - Missbrauch der Idee des CSR, wenn Unternehmen für das direkte Umfeld Beiträge leisten, aber in 3. Welt Ländern ausbeutend produzieren lassen.

- **Zielbeziehungen.**
  - Drei Arten von Zielbeziehungen: Komplementär, konkurrierend oder indifferent.
    - Komplementäre Ziele ergänzen sich gegenseitig, bei Erfüllung eines Ziels, wird auch das andere Ziel erfüllt.
    - Konkurrierende Ziele (trade-off) blockieren ihre Erfüllung gegenseitig.
    - Indifferente Ziele stehen in keinerlei Bezug zueinander.

- **Unternehmensethik.**
  - Verbindung von Moralvorstellungen mit Gewinnbestreben und Aufstellung von moralischen Grundsätzen für Unternehmen.
  - Wirtschaft ist auf Wettbewerb, Ethik auf Tugendhaftigkeit ausgerichtet.
    - → Eigentlich unvereinbare / schlecht vereinbare Bereiche.
  - Unternehmen fürchten im Konkurrenzkampf nicht mithalten zu können, wenn sie sich – im Gegensatz zu ihren Konkurrenten – an moralische Wertemaßstäbe halten.
    - → Politik muss eine „moralische" Rahmenbedingung schaffen.

- **Lohnerhöhung oder Gewinn – Konkurrierende Ziele?**
  - Tarifautonomie in Deutschland lässt Gehalt auf Basis von Verhandlungen entstehen.
  - Gewerkschaften fordern in wirtschaftlichen Hochzeiten Lohnerhöhungen und versuchen in schwierigen Zeiten Arbeitsplätze zu sichern.
  - Höhere (gebundene) Personalkosten für Unternehmen können Wettbewerbsfähigkeit einschränken.
    - => Eigentlich sind Lohnerhöhungen in wirtschaftlich schwierigen Zeiten gerechtfertigt.

- **Unternehmensbeteiligte.**
  - **Corporate Governance** regelt Interaktion des Unternehmens mit diversen Interessensgruppen.
  - Vier Interessensgruppen: Bezugsquellen, Kapitalgeber, Abnehmer und Öffentlichkeit.
    - **Bezugsquellen**: Menschen, welche ihre Arbeitskraft dem Unternehmen gegen Entgelt zur Verfügung stellen sowie Lieferanten.
    - **Kapitalgeber**: Stellen dauerhaft Kapital zur Verfügung und werden dafür am Gewinn beteiligt oder nur befristet und erhalten Verzinsung.
    - **Abnehmer**: Kunden.
    - **Öffentlichkeit**: Staat und Gesellschaft stellen Unternehmen wichtigste Eigenschaften zur Verfügung, im Gegenzug sind Steuern und Beiträge fällig

- **Corporate Governance / Unternehmensverfassung.**
  - Gesamtheit der grundsätzlichen Regelungen, welche das Unternehmen nach innen und außen konstituieren.

- Unternehmensverfassung bestimmt Ordnungsrahmen für Führung und Überwachung.
  => Umsetzung durch Unternehmensorgane oder -richtlinien (Code of Conduct).
- Legt Handlungsspielraum des Vorstands fest, AG nutzen es zur stärkeren Einflussnahme.
- Hauptaufgabe ist Schaffung von Anreizen, damit Top-Manager im Sinne der Eigentümer handeln und Kontrolle ohne Flexibilität des Top-Managers einzuschränken.
- Internationalisierung und Globalisierung konfrontiert mit ausländischen Interessensgruppen.
  - Non-Profit-Unternehmen wachsen und wollen Arbeitern in NIC oder Dritte Welt Ländern Sozialstandards bieten, deren Druck sich andere Unternehmen beugen müssen.

- **Private-Equity-Gesellschaften und Hedge-Fonds.**
- P-E-Gesellschaften beteiligen sich (zeitlich begrenzt) mit EK an anderen Unternehmen gegen hohe Renditen, da sie das unternehmerische Risiko tragen.
  - Kapital wurde von Banken, Institutionen, Gesellschaften oder Einzelpersonen gesammelt.
  - Insolvente Unternehmen oder start-ups nehmen P-E oft in Anspruch, da sie keinen Zugang zu Public Equity (börsengehandeltes EK) haben.
- Hedge-Fonds finanzieren in verschiedene Anlageobjekte um sich vor Kursschwankungen o.ä. abzusichern.
  - Breite Fächerung der Hedge-Fonds erlaubt riskante Anlagemöglichkeiten zur Erzielung von sehr hohen Renditen.
  - 2004 wurden H-F erst erlaubt, 2010 neue strengere Regelungen diesbezüglich.

- **Anreiz-Beitrags-Theorie.**
- Unternehmen muss analysieren, welche Anreize zu schaffen sind, damit Interessensgruppen ihre Beiträge (pflichtgemäß) leisten.
- Gleichgewicht zwischen Anreizen und Beiträgen gewährleistet Funktionsfähigkeit.

- **Unternehmensführung.**
- Zentrales Steuerungsorgan des Unternehmens, gewährleistet Zielerfüllung.
- Deren Aufgaben unterschieden sich von eigentlichen Leistungsprozessen (Einkauf), da sie koordinieren und ausgestalten.
- Führung umfasst Entscheidungs- und Handlungsprozesse sowie Willensbildung und -durchsetzung.
- **Prozess der Führung** unterteilt sich in vier Phasen.
  - **(1) Initiierungsphase**: Wahrnehmung von Problemen und Beginn der Lösungsfindung.
  - **(2) Entscheidungsphase**: Handlungsalternativen werden gesucht, bewertet, ausgewählt (höchster Zielerreichungsgrad) und auf Umsetzung vorbereitet.
  - **(3) Umsetzungsphase**: Anpassung der Alternative an Unternehmen, Ausarbeitung von konkreten Maßnahmen und Programmen.
  - **(4) Kontrollphase**: Vergleich des Ergebnisses mit vorher festgelegten Zielen und ggf. Starten eines neuen Entscheidungsprozesses.
  - Rückkopplungen zwischen dein Phasen oder Verknüpfung mehrerer Entscheidungsprozesse in der Realität.
- Betrachtung von Handlungsalternativen führt oft zur Anpassung der Zielvorstellungen.
- **Führungskräfte** gestalten Strategien, Strukturen, Systeme und Prozesse.
  - **Strategien** legen langfristige Geschäftsziele, angestrebte Marktposition und notwendige Ressourcen fest.
  - **Strukturen** legen Zusammenarbeit der Mitarbeiter fest.
  - **Systeme** regeln Informationsversorgung für Planung und Kontrolle.
  - **Prozesse** koordinieren Geschäftsvorgänge und beschreiben das Geschäftssystem.

=> Führungsentscheidungen betreffen langfristige Anliegen, welche Fortbestand des Unternehmens sichern.
- Betrieblicher Wertschöpfungsprozess erfordert Koordination der zahlreichen einzelnen Schritte.
- Zwei Aufgaben werden von Unternehmensführung verfolgt:
    - Ausrichtung der Mitarbeiterleistungen auf gemeinsames Ziel (Unternehmenserfolg).
    - Verhaltensbeeinflussung, damit Mitarbeiter so effizient wie möglich arbeiten.
- Personengesellschaften weisen meist Eigentümer-Unternehmer auf (Führungskräfte sind auch Eigentümer), Kapitalgesellschaften dagegen Fremdmanager (Führung ist nicht beteiligt).
- Führungskräfte erbringen unternehmerische Leistungen (Wahrnehmung von Marktchancen, markttaugliches Leistungsprogramm entwickeln) und Verwaltungsleistungen.
- **Entscheidungsneigung**: Neigung einer Führungskraft Entscheidungen mit Durchführung von Handlungen auszuführen.
    - Entscheidungsprozesse können deliberativer oder intuitiver Art sein.
        - **Deliberativer Entscheidungsprozess.**
            - Entscheidungsprozesse werden bewusst und analytisch angegangen.
                - Informationen werden gesammelt und durch deliberative (überlegte) Analyse ergänzt.
            => Durch bewusstes Nachdenken werden Informationen generiert und zu einem Konzept verarbeitet.
        - **Intuitiver Entscheidungsprozess.**
            - Manager treffen Entscheidungen anhand von Heuristiken (Faustregeln) und Bauchgefühl.
            - **Rekognitionsheuristik**: Kennt Manager eine Option, nimmt er diese an (Land der Expansion).
            - **Evolvierte Fähigkeiten** sind Grundlage für Intuition; Wiedererkennungsgedächtnis, Nachahmung oder Sprache; entstehen durch natürliche Selektion und kulturelle Vermittlung.
        - Wahl des Entscheidungsprozesses hängt vom Manager und Vertrautheitsgrad der Situation ab.
            - Statistiken zeigen, dass Manager in Krisenzeiten auf Heuristiken zurückgreifen, da keine Zeit für Informationsaqusition.
            → Schnellere Entscheidungsphase, aber geringere Entscheidungsqualität.
    - Führungskräfte müssen Probleme erkennen können (Bewusstsein) und langfristig lösen (große Verantwortung).
        - Entscheidungen müssen Probleme der Eigentümer lösen und Unternehmen im Wettbewerb halten.
        - Belastung aus hoher Verantwortung wirkt sich negativ auf Führungskräfte aus.
            - Burn-Out-Syndrom ist chronische Erschöpfung, Frustration und Demotivation.
            - Immer mehr Führungskräfte leiden wegen Zeitdruck und hohen Erwartungen darunter.
            - Lean Management (Flexibilität, höhere Autonomie) verstärken diese Effekte.
            - Vorgabe von Effizienzsteigerung, größere Aufgabenbereiche etc. verschlimmern Symptome.

- **Theoretische Grundlagen zu Unternehmen.**
    - **Entrepreneurship-Forschung** befasst sich mit rechtlichen und finanziellen Fragen sowie mit Erscheinungsformen von Unternehmensgründungen.
        - Einzel- und Teamgründungen, bei letzten werden Kombinationen der Fähigkeiten der Teammitglieder untersucht.
        - Unterscheidung in originäre (Schaffung neuer Wirtschaftseinheiten) oder derivative Gründungen (Franchise).
            - Vorteile der Freiheit von originären Gründungen gegenüber Ressourcennachteilen derivativer Gründungen.
        - Analyse unterschiedlicher Entwicklungsphasen von Unternehmen (Start-up oder Wachstum).
    - **Komplexität.**
        - Führungskräfte müssen mit Komplexität ihrer Tätigkeit umgehen können.

- Verschiedenartigkeit von Divisionen, Tochterunternehmen, ausländischen Partnern, etc..
- **Beschränkte Rationalität**: Führungspersonen kennen weder alle Informationen noch gegenwärtigen Zustand der Welt oder zukünftige Entwicklungen.
  → Entscheidungen werden durch **kognitive Verzerrungen** der Individuen beeinflusst.
- **Gruppendynamik** beschäftigt sich mit Gruppenbildung und -arbeit im Unternehmen.
  - Kombination individueller Stärken steht Konflikten innerhalb der Gruppe gegenüber.
- **Diversity Management** betrachtet individuelle Unterschiede der Gruppenmitglieder und deren Bedeutung für Erreichen der Unternehmensziele.
- **Shareholder Value-Ansatz und Stakeholder Value-Ansatz.**
  - Steigerung des Wertes gegenüber Shareholdern (Unternehmenswertsteigerung) oder gegenüber Stakeholdern (höhere Löhne für Lieferanten und Mitarbeiter).

3. Unternehmensumfeld und Unternehmensentwicklung.

- **Überblick.**
  - Unternehmen ist ein sozio-ökonomisches System mit miteinander in Wechselwirkung stehenden Elementen, welche es vom Umfeld abgrenzen.
  - Materielle, soziale und kulturelle Interaktion des Unternehmens mit dem Umfeld.
  - Stakeholder beeinflussen Unternehmensentscheidungen, Ausmaß wird von deren Macht und Branche beeinflusst.

- **Arten von Unternehmensumfeldern.**
  - Unternehmensentwicklung wird beeinflusst vom Umfeld, beeinflusst Umfeld aber auch.
  - **Unterscheidung in Makro- und Wettbewerbsumfeld.**
    - **Makroumfeld // globales Umfeld // allgemeines Umfeld.**
    - Nur mittelbarer Einfluss auf Unternehmen, dafür auf alle umgebenen Unternehmen gleich.
    - Besteht aus ökonomischen, technologischen, politisch-rechtlichen, gesellschaftlichen und ökologischen Umfeld.
      - **Ökonomisches Umfeld.**
        - Faktoren, welche Weltwirtschaft und welche nur eigene Volkswirtschaft beeinflussen.
        - Wichtigste Einflussfaktoren für Unternehmen sind u.a.: BIP, Zinsen, Inflation, Arbeitslosenquote, Wechselkurse, Lohnniveau, Wirtschaftswachstum.
          → Beeinflussen Nachfrage, Wettbewerbsintensität und Kostendruck.
        - Geringes Wirtschaftswachstum und hohe Lohnkosten in Industrienationen veranlassen Unternehmen zur Ausgliederung der Produktionsprozesse.
          => Outsourcing und Offshoring.
      - **Technologisches Umfeld.**
        - Faktoren, welche technologieorientierten Unternehmen zur Leistungserstellung dienen.
        - IuK-Systeme ermöglichen neue Wirtschaftszweige und verbessern Produktion.
      - **Politisch-rechtliches Umfeld.**
        - Politische Stabilität und Rahmenbedingungen des Staates für wirtschaftliches Handeln.
          - Besteuerung, Import- und Exportzölle, Umweltverordnungen, Produzentenhaftpflicht, Subventionspolitik, Zulassungsbeschränkungen.
      - **Gesellschaftliches Umfeld.**
        - Strukturmerkmale einer Gesellschaft sind für Unternehmen wichtig, darunter Demographie, Einkommensverteilung, Kultur, Religion(en), Bildung, Werte und Einstellungen.
      - **Ökologisches Umfeld.**
        - Für das Unternehmen sind Standort und Verfügbarkeit von Rohstoffen wichtig, für Gesellschaft zunehmend Umweltschutz, was unternehmerische Entscheidungen beeinflusst.

- ○ Kombination aus politischem und ökologischem Umfeld nimmt in Deutschland starken Einfluss auf Unternehmensentscheidungen.
  - ▪ Treibhausgas-Emissionshandelgesetz (TEHG) verlangt Emissionszertifikate, welche CO_2-Ausstoß von Unternehmen begrenzen.
  - ▪ Übersteigt CO_2-Ausstoß eines Unternehmens diese Menge, muss ein neues Zertifikat gekauft werden.
    => In EU werden mehr Zertifikate ausgestellt, als benötigt um Wettbewerbsfähigkeit aufrecht zu halten.
    - • Unternehmen investieren nicht in Umwelttechnik, sondern verkaufen überschüssige Zertifikate.
  - • Makroumfeld hat mit vielen Faktoren mittelbaren Einfluss auf ein Unternehmen, wegen seinem direkten Einfluss auf das Wettbewerbsumfeld.
  - ○ Unternehmen muss Makroumfeld beobachten um Entscheidungen an Veränderungen des Wettbewerbsumfeldes anzupassen.
  - ○ Unternehmen kann Veränderungen am Makroumfeld nicht beeinflussen.
- ▪ **Wettbewerbsumfeld // Branche.**
  - • Unmittelbarer Einfluss auf das Unternehmen, beeinflusst das Verhalten von direkt am Unternehmen agierenden Akteuren.
  - • Unternehmen kann Wettbewerbspolitik aber beeinflussen.
  - • Wichtigste Elemente des Wettbewerbsumfeldes sind Kunden und Wettbewerber.
  - ○ **Kunden** verwerten Produkte / Dienstleistungen des Unternehmens und spielen damit die wichtigste Rolle für Unternehmenserfolg.
    - ▪ Unternehmen muss Anforderungen der einzelnen Kundengruppen erkennen und angehen.
  - ○ **Wettbewerber** sind Unternehmen, welche mit ihren Produkten / Dienstleistungen gleiche Bedürfnisse bei Kunden befriedigen als eigenes Unternehmen.
    - ▪ Industrienationen weisen einen Käufermarkt (Angebotsüberhang) auf.
      → Kunden können aus Vielzahl an Anbietern den besten, günstigsten etc. auswählen.
    - ▪ Unternehmen können nur bestehen, wenn Kunden ein besseres Wert/Preis-Verhältnis bieten.

- • Zunehmende Globalisierung verstärkt **Umfeldeinflüsse** auf Unternehmen.
- ○ Internationale Verflechtung von Wirtschaft, Kultur, Politik, Umwelt und Medien.
- ○ Zunahme der Faktormobilität (Sach-, Finanz- und Humankapital).
  → Globalisierung betrifft Individuen, Unternehmen, Branchen und Nationen.
- ○ **Vorteile**: Arbeitsteilung und Wettbewerb erhöhen Effizienz der Märkte, neue Export- und Expansionsmöglichkeiten, vereinfachter Zugang zu Kapital & Technologie.
- ○ **Nachteile**: Unterdrückung von Entwicklungsländern, Verlagerung von Arbeitsplätzen.
- ○ Viele dt. Unternehmen machen weniger als 20% ihres Umsatzes im Heimatland.

- • Verflechtung der internationalen Märkte, sodass nationale zur internationalen Krise wird.
- ○ Ursprung der Finanzmarktkrise 2008 war die US-Immobilienblase.
  - ▪ Niedriger Zinssatz und lockere Kreditvergabe der Banken lässt Immo-Preise boomen.
  - ▪ Risiko von Zahlungsausfällen wegen variablem Zinssatz wird durch ABS entgegengewirkt.
  - ▪ Zinsanstieg führt zu Zwangsversteigerungen und sinkenden Immo-Preisen.
  - ▪ Nachfrage an Immos zur Spekulation sinkt schlagartig, ABS verlieren an Wert.
    → Zusätzlich zu hohen Abschreibungen der ABS verlieren Banken viel Geld und Kurse sinken.
    => Nationalbanken versuchen Banken zu retten, verlieren viel Geld dabei.
- ○ **Finanzmarktstabilisierungsfondgesetz (FMStFG)** von 2008 stellt einen staatlich verwalteten Fond (**Finanzmarktstabilisierungsfond (FMS)** bzw. **Sonderfonds Finanzmarktstabilisierung** (SoFFin)) auf.

- Deutsche Banken können in diesen einzahlen und später bei Liquiditätsengpässen Geld ausleihen um potentielle Finanzmarktkrisen abzufedern bzw. zu verhindern.
- Ende 2014 entsteht die zentrale Bankenaufsicht (Single Supervisory Mechanism SSM).
  - Kontrolle der Banken mit Bilanzsumme über 30 Mrd. oder mehr als 20% Einfluss auf Wirtschaft.
- Entwicklung zahlreicher Vorschriften zur Risikominimierung von Banken.
  - Basel I: Vorgaben über EK-Ausstattung von Banken werden gemacht.
  - Basel II: Eigenkapitalhöhe nach Basel I muss sich am tatsächlichen Risiko orientieren.
  - Basel III / Capital Requirement Directive: Vorschriften über Liquiditätsausstattung, über Kapitalstruktur und außerzyklische Puffer.
  - Basel IV (in Arbeit): Aufsichtsrechtliche Vorschriften für Banken.
  - Banken unterliegen ab sofort regelmäßigen Stresstests.
    - Veränderung der Risikofaktoren werden simuliert um Liquidität der Banken zu prüfen.
  - Einstufung und besondere Kontrolle der „systemrelevanten" Banken.
  - Insolvenzrecht für Banken.
  - Vorgaben über rechtliche Abgrenzung verschiedener Geschäftsfelder in Banken.
  - Besteuerung von Bank- und Kapitalmarktaktivitäten.
  - Neustrukturierung von Ratingagenturen.
- Länderübergreifende Koordination der Banken ist wegen Globalisierung notwendig geworden.
-

- **BRIC-Staaten.**
  - Brasilien, Russland, Indien und China werden 2023 mit den G-7 Staaten mithalten können.
  - BIP der BRIC ist von 2003 bis 2012 auf 27% des weltweiten BIP angestiegen, BIP der G-7 Staaten auf 33% gesunken.
  - Möglich durch geringes Wachstum der Industrienationen und 5 – 10%-ige Wachstumsraten der BRIC; zusätzlich vereinen letztere 40% des Weltbevölkerung.
    - → Steigende BIPs machen BRIC Staaten für Investoren interessant und boomen das Wachstum.

- **Lohnkostenunterschiede.**
  - Lohnkosten umfassen neben Stundenlohn auch Lohnzusatzkosten (Sozialbeiträge, Urlaubs- und Weihnachtsgeld, Lohn für Urlaubs-, Feier- und Krankheitstage).
  - 2013 in Westdeutschland „Stundenlohnkosten" von 38,77 € (Spitze Norwegen mit 56,46€).
  - Lohnniveau der neuen EU-Staaten liegt lediglich zwischen 3 und 4 €.
  - Unternehmen für internationalen Wettbewerb müssen in Niedriglohnländern arbeiten.
    - → Beachtung der Produktivitäts- und Arbeitsqualitätsaspekte von Niedriglohnländern.
  - Asiatischer Raum (Indien, China) bietet geringste Lohnkosten, große Auswahl an Fachkräften und gute Englischkenntnisse.

- **Soziale Marktwirtschaft.**
  - Funktionierender Marktmechanismus mit sozialem Ausgleich verbunden.
  - Verhinderung von Eintrittsbarrieren und Machtkonzentration.
  - Sicherstellung der Ausübung selbstständiger, gewerblicher Tätigkeiten indem Eigentums- und Freiheitsrechte definiert werden.
  - Aufbau und Sicherung von sozialen Netze, welche Alte, Kranke, Schwache unterstützen.

- **Unternehmensentwicklung.**
  - Zeitliche Veränderung eines Unternehmens, ausgedrückt hauptsächlich durch Bilanzkennzahlen.
  - Situation eines Unternehmens kann anhand von drei Bestandteilen beschrieben werden.

- **(1) Unternehmensumfelder** (Wirtschaftswachstum, Kaufverhalten, Wettbewerbsintensität).
- **(2) Unternehmenscharakteristika** (Produktpalette, Standort, Internationalisierungsgrad).
- **(3) Unternehmenszielerreichung** (Grad der Zielerfüllung von Unternehmen).
  => Bestandteile ändern sich im Laufe der Zeit stetig.
  - Entwicklung kann aktiv oder passiv erfolgen.
    - **Passiv:** Unternehmensumstände / -umfeld ändert sich.
    - **Aktiv:** Nur durch Führung (Entscheidungs- und Handlungsprozess) möglich.
      - Erfahrungen und Charakter des Entscheidungsträgers determiniert Reaktion auf Veränderungen von außen.
      - Auswahl der Handlungsalternative, Ziele, eingesetzten Ressourcen und Verantwortlichkeit.
      - Nach Initiierungsphase beginnt Planungsphase (Formulierung des Problems, Alternativenbewertung, Entscheidung für eine Alternative).
        - Umsetzungs- und Kontrollphase folgen.
      - Führungsperson(en) haben nur beschränkte Informationen, ungenaue Einschätzung der Realität und Bewertung der Zukunft.
        => Einige interne und externe Ereignisse werden nicht vorhergesehen, können Führungsprozess indirekt beeinflussen.
      - Unterscheidung in nicht antizipiertes Umweltverhalten und ungeplantes Unternehmensverhalten (nach gescheiterter Implementierung).
      - Gegenstand der Entscheidungen im Rahmen von Führungsprozessen sind **Objekte** (System, Struktur, Strategie oder benötigte Ressourcen).
        - Führungsobjekte stellen nicht nur Unternehmensverhalten, sondern auch Planung dar, welche Unternehmenscharakteristika und -umfelder verändert.
        - Indirekten Einfluss, z.B. Verhalten bei unerwarteten Streiks oder Substituten.
  - Wirkungsverhältnis zwischen Objekten und tatsächlicher Unternehmensentwicklung.
    - Objekte sind Potential eines Unternehmens, welche erst durch gezieltes Management erfolgreich eingesetzt werden können.
    - Trotzdem können ungeplantes Unternehmensverhalten, nicht antizipiertes Umweltverhalten oder Fehler bei Entscheidungsumsetzung den Erfolg verhindern.

- **Insolvenz als mögliche Form der Unternehmensentwicklung.**
  - Unternehmenskrisen haben in den letzten Jahren zugenommen, wegen unfreiwilligen Wechseln in Unternehmensführung, erzwungenen Übernahmen oder Insolvenzen.
  - Krisenformen: Strategische Krise → Erfolgskrise → Liquiditätskrise → Insolvenz.
    - Insolvenz ist akute Überschuldung und Zahlungsunfähigkeit.
  - Unterscheidung von externen und internen Faktoren einer Insolvenz.
    - **Externe Faktoren:** strukturelle & konjunkturelle Änderungen im Umfeld (gesättigte Märkte, steigender Wettbewerb, technologische Innovationen, Verknappung von Rohstoffen).
    - **Interne Faktoren:** Führungsfehler (Strategiedefizit, überteuerte Übernahmen, organisatorische Mängel, fehlende operative Effizienz).
  - Bei Insolvenz bleiben durchschnittlich Forderungen von 650k€ - 700k€ ausstehend.
  - Höhe von offenen Forderungen wird durch betrügerisches Verhalten und Manipulation der Bilanz verschleiert, entweder um eigene Vorteile zu ziehen oder um Insolvenz abzuwenden.

- **Theoretische Grundlagen der Unternehmensumfelder und -entwicklung.**
  - Beziehungen zwischen den einzelnen Unternehmensfeldern.
    - Klimawandel kann gesellschaftliches Umfeld (gesteigertes Umweltbewusstsein) und politisch-rechtliches Umfeld (Gesetzgebung) beeinflussen.
    - Unternehmensführung muss solche Zusammenhänge erkennen und frühzeitig angehen.
  - Unternehmenscharakteristika sind Ergebnis eines bestimmten Veränderungsprozesses.

- Kann aus intendierten, planvollen Handlungen oder **Pfadabhängigkeit** resultieren.
  - Sich selbst verstärkende Prozesse, welche Entwicklung in eine bestimmte Richtung nachhaltig beeinflussen.
    - → Führt zu **Structural Inertia** (Unfähigkeit sich an Umweltveränderungen anzupassen).
  - Unternehmensführung versucht Structural Inertia zu verhindern bzw. dieser zu entkommen.
    - ◦ Frage in wie weit Führung die Entwicklung beeinflussen kann oder diese bereits bestimmt ist (Determinismus vs. Voluntarismus).
  - ◦ **Change Management** beschreibt aktive Gestaltung der Anpassungsprozesse an Umfeldbedingungen.
    - Change Agents können Strukturen, Strategien, Prozesse und Systeme des Unternehmens entsprechend anpassen.
      - Entweder interne Manager oder externe Wirtschaftsprüfer / Unternehmensberater.

4. Unternehmenserfolg und Liquidität als Zielgrößen.

- **Überblick.**
  - ◦ Verwertung der hergestellten Güter und Dienstleistungen an die Kunden sichert Unternehmenserfolg.
  - ◦ Erfolg und Liquidität sind wichtigste Kennzahlen, werden von Ereignissen abgebildet.
  - ◦ Kennzahlen werden periodisiert um mit vorigen Perioden zu vergleichen, wegen Benchmarking und um Prognosen zu tätigen.
  - ◦ Unterteilung des Erfolgs auf zwei Ebenen: Güter- und Finanzebene.
    - **Güterebene**: Betrachtung der Menge an abgesetzten Gütern.
    - **Finanzebene**: Ausweis des Erfolgs als Überschusshöhe.
  - ◦ Mehrperiodische Betrachtungsweise ist notwendig für Einschätzung des Erfolgs.
    - → Messung über EVA (Eonomic Value Added).
  - ◦ Kennzahlensysteme erfassen mehrere Kennzahlen und dienen Führung als Erfolgsindikatoren.
  - ◦ Liquide Mittel sind notwendig um Investitionen zu tätigen, welche langfristig die Unternehmensgewinne und somit den Erfolg bestimmten.
    - → Erfolg und Liquidität sind voneinander abhängig, aber nicht immer gleich.

- **Bestandteile betriebswirtschaftlicher monetärer Zielgrößen.**
  - ◦ Gründer wollen für unternehmerisches Risiko entsprechend belohnt werden, was nur durch Erfolg im Wettbewerb möglich wird.
  - ◦ Unternehmensführung leitet Grad der Zielerfüllung an bestimmten Kennzahlen ab und entwickeln darauf basierend Strategien.
    - Andere Interessensgruppen (Mitarbeiter, Gläubiger, Staat) verfolgen Kennzahlen ebenfalls.
  - ◦ Ereignisse werden anhand der betrachteten Ebenen (Zahlungsmittel, Geldstrom, Gesamtvermögen, Betriebsvermögen) unterschieden.
    - Beziehen sich auf unterschiedliche Zielgrößen (Erfolg oder Liquidität).
    - Betrachtung einer Bestandsgröße auf einer Ebene (Betriebsvermögen) mit zusammenhängenden Stromgrößen (Ein- und Auszahlungen).

- **Unterscheidung ähnlicher monetärer Begriffspaare.**
  - ◦ **(I) Einzahlungen und Auszahlungen – Zahlungsmittelebene.**
    - Zu- oder Abflüsse auf Zahlungsmittelbestand, notwendig zur Bestimmung der Liquidität.
    - Zahlungsmittelbestand umfasst Bilanzposten „Kassenbestand, Bundesbankguthaben, Guthaben bei Kreditinstituten und Schecks" (§ 266 Abs. 2 HGB).
    - Einkauf oder Verkauf von Rohstoffen bzw. Gütern, welche mit Cash Flows verbunden sind. => Drückt Liquidität aus.
  - ◦ **(II) Einnahmen und Ausgaben – Geldvermögensebene.**

- Erhöhung bzw. Verminderung des Geldvermögens, Grundlage der Finanzierungsrechnung.
- Geldvermögen = Zahlungsmittelbestand zzgl. Forderungen abzgl. Verbindlichkeiten.
- Einnahmen und Ausgaben sind nicht zeitgleich mit Cash Flows verbunden.
  - **(III) Erträge und Aufwendungen – Gesamtvermögensebene.**
  - Aufwendungen: Bewerter Verbrauch von Produktionsfaktoren im Leistungserstellungsprozess.
    → Reinvermögen / Gesamtvermögen nimmt ab.
  - Erträge: Summe der Verwertung der hergestellten Güter / Dienstleistungen.
  - Verbrauch von Rohstoffen (Aufwand / Werteverzehr) führt zur Herstellung von Fertigware (Ertrag / Wertezuwachs).
  - Periodenübergreifend, da nur Zeitpunkt des Verbrauchs bzw. Herstellung berücksichtigt wird.
    => Drückt Erfolg aus, da Fertigwaren verkauft werden können.
  - **(IV) Leistungen und Kosten – Betriebsvermögensebene.**
  - Betriebsbezogener, bewerteter Güterverzehr / -entstehung, Daten der Finanzbuchhaltung.
  - Grundlage der Kosten- und Leistungsrechnung.
  - Spekulationsgewinne vermehren Reinvermögen, aber nicht Betriebsvermögen.
  - Wichtig um operativen Erfolg des Unternehmens zu beurteilen.
  - Unterscheidung der einzelnen Ebenen ermöglicht differenzierte Analyse über Kennzahlen.

- **Unternehmenserfolg.**
  - Produktion und Verkauf von Erzeugnissen sichert Existenz des Unternehmens, Erfolg hängt dabei von formulierten Zielen ab.
    → Erfolg und Misserfolg ergeben sich aus Abgleich von Ergebnissen mit Zielen.

- **Sinkender Aktienkurs trotz steigender Umsätze und Gewinn.**
  - Verfehlung eigener Ziele trotz Wachstum kann Vertrauen der Aktionäre in Management erschüttern → Wachstum wird nicht als Erfolg gewertet.
  - Unternehmenswert (UW) berechnet sich aus Dividenden (D), Kapitalkostensatz (i) und Wachstumsrate (g).
  - $$UW = \frac{D}{i - g}$$
  - Liegt Prognostizierter UW über tatsächlichem UW, verkaufen Investoren ihre Anteile.

- **Einperiodischer Unternehmenserfolg.**
  - Information der Interessengruppen über erzielte Ergebnisse, Ziele und Zielerreichung mittels Quartals-, Halbjahres- und Geschäftsberichten → Zentrale Größe ist der Gewinn.
  - Erfolg soll anhand von Kennzahlen innerhalb einer Periode erzielt werden, wegen Vergleichen (Trends) und Benchmarking (Markenposition).
    - Benchmarking nur sinnvoll, wenn gleiche Dimensionen des Erfolgs betrachtet werden.
      - Finanzebene gibt Erfolg durch Vergleich mit Finanzkennzahlen wider.
        - Jahresüberschüsse, ökonomischer Gewinn (Gewinn abzgl. Kapitalkosten).
      - Güterebene gibt Erfolg durch Anzahl abgesetzter Güter im Vergleich zum Vorjahr wider.
  - **Balanced Scorcard** vereint Ebenen des Unternehmens um gezielte Aussagen über Erfolg zu machen.
    - Management sollte unterschiedliche Perspektiven (finanzwirtschaftliche, kundenorientierte, interne und lernende) berücksichtigen.
    - Hierarchie dieser Perspektiven ermöglicht Darstellung der Vision und Strategie gemäß des Ursache-Wirkungs-Schematas.

- **Hauptversammlung, Bilanzpresse- und Analystenkonferenz.**
  - **Hauptversammlung** muss mindestens einmal im Jahr stattfinden, besteht aus allen Aktionären.

- Bestimmt Mitglieder des Aufsichtsrates, Verwendung des Bilanzgewinns, Entlastung beider Organe, Bestellung des Abschlussprüfers, Satzungsänderungen, Maßnahmen zur Kapitalbeschaffung / -herabsetzung, Auflösung der Gesellschaft, Prüfung der Ziele.
  → Rechtlich höchstes Organ, jedoch unwichtig, da keine Führungsrechte hat.
  ◦ Auf **Bilanzpressekonferenzen** verkündet Unternehmen Eckdaten des vergangenen Jahres.
- Berichten über Zielsetzung, Ausblick auf Zukunft für alle Interessensgruppen.
  ◦ **Analystenkonferenz** für professionelle Anleger (Analysten und Institutionen).

- **Kennzahlensysteme.**
  ◦ Benchmarking nur dann sinnvoll, wenn man Größeneffekte berücksichtigt.
  ◦ **RoI – Kennzahlensystem** vereint als Produkt Umsatzrentabilität und Kapitalumschlag.
- Umsatzrentabilität berechnet Gewinn pro Umsatz.
- Kapitalumschlag zeigt wie intensiv Vermögensgegenstände genutzt werden (Umsatz durch Investitionskapital).
- Gibt an, wie groß der Vermögenszuwachs durch das überlassene Kapital ist.
  ◦ **RoE – Kennzahlensystem** drückt Gewinn durch zur-Verfügung-Stellung von EK aus.
- Eigenkapitalrentabilität kann auch durch Erhöhung des Fremdkapitals erhöht werden.
- **Leverage Effekt.**
  - Hebelwirkung von Fremdkapital auf die Eigenkapitalrentabilität.
  - Vollständige Verschuldung wäre optimal, jedoch dann hohes Insolvenz / Konkursrisiko.
    → Mit steigendem Risiko steigen auch FK-Zinssätze.
  - $r_E = r_G + \dfrac{(r_G - r_F) * FK}{EK + FK}$ Wobei
    r_G = GK-Rentabilität
    r_E = EK-Rentabilität
- **Mehrperiodischer Unternehmenserfolg.** r_F = FK-Zinsen.
  ◦ Economic Profit on Equity (EPoE) und   Economic Value Added (EVA) werden für Erfolgsermittlung genutzt; Kennzahlen um Unternehmenswertsteigerung auszudrücken.
  ◦ Gewinn über Kapitalkosten (FK-Zinsen + kalkulatorische EK-Kosten) steigert Unternehmenswert.
  ◦ EPoE: Aufzinsung der ökonomischen Gewinne aus den letzten Perioden um diese vergleichbar zu machen.
- Summe der aufgezinsten ökonomischen Gewinne ergibt Unternehmenswert.
  ◦ EVA: Gewinn nach Steuern wird mit zur Erreichung dieses Gewinns (und um Kapitalkostensatz verringerten) eingesetzten Kapital verglichen.
- Positiver EVA zeigt, dass das Unternehmen eine Wertsteigerung vollzogen hat.

- **Liquidität.**
  ◦ Erfolgsbeurteilung ist unabhängig von Ein- und Auszahlungen an einem bestimmten Zeitpunkt, Erfolg ist ein Zeitraumproblem.
  ◦ Liquidität beschreibt Fähigkeit alle Verpflichtungen an einem bestimmten Zeitpunkt tilgen zu können, ist somit ein Zeitpunktproblem.
  ◦ Liquidität ist notwendige Bedingung für Erfolg, Erfolg aber nicht hinreichend für Liquidität.
  ◦ Finanzplanung müsste die zukünftigen Ein- und Auszahlungen tagesgenau koordinieren.
- Hoher Aufwand führt zu mittel- und langfristigen Finanzplanungen, welche Periodendurchschnitt liquide halten, aber innerhalb dennoch zu Schwankungen führen.

- **Konkurs durch Illiquidität und Überschuldung.**
  ◦ § 17 Insolvenzverordnung: Insolvenzverfahren beginnt, wenn Unternehmen weniger als 90% seiner fälligen Verbindlichkeiten nicht mehr begleichen kann.
  ◦ Überschuldung (negatives Eigenkapital in der Bilanz) führt auch zu Insolvenzverfahren (§ 19 IO).

- Insolvenzverfahren beteiligt Gläubiger anteilig am Wert der verbliebenen Vermögensgegenstände.

- **Theoretische Grundlagen für Unternehmenserfolg und Liquidität.**
  - Unternehmenserfolg ist subjektiv und hängt von vorher aufgestellten Zielen ab.
    - Zielbildung wird vom vergangenen Erfolg oder Erfolg der Wettbewerber beeinflusst.
    - Zielerreichung hängt von Beobachtung von Ursache (Maßnahme) und Wirkung (Erfolg) ab.
  - **Kausalitätstheorie** betrachtet notwendige und hinreichende Bedingungen für Zielerfüllung.
    - Notwendig: Ziel kann dadurch erfüllt werden; Hinreichend: Ziel wird dadurch erfüllt.
    - Wichtiges Instrument der Unternehmenssteuerung, jedoch wegen Komplexität, beschränkten Informationen und Voraussicht nicht immer erfolgreich.
  - **Weitere Kennzahlen** um Unternehmenserfolg zu messen: EBITDA, EBIT, EBT.
  - **Cash Flow Kennzahlen**: Cash Flow Return on Investment (CFRoI) gibt Höhe der Verzinsung des eingesetzten Kapitals an.
    - Cash Value Added (CVA) betrachtet Cash Flow basierter Wertbeitrag einer Unternehmenseinheit.
  - Zugrundeliegende Rechengrößen beeinflussen Aussagefähigkeit der Rechengrößen.
    - IFRS-basierende Erfolgsberechnungen können von HGB-basierten abweichen.

5. Investitions- und Finanzierungsmanagement.
- **Überblick.**
  - Unternehmen benötigen Anlagevermögen (Maschinen, Lizenzen) um Produktivität zu steigern.
    - Dafür muss Geld aufgewendet werden in der Hoffnung mehr Geld zu bekommen.
    => Investitionen bilden Kernelement für langfristigen Erfolg eines Unternehmens.
  - Voraussetzung von Investitionen ist Vorhandensein von finanziellen Mitteln.
    - Finanzierung bezeichnet Kapitalbeschaffung für Investitionen.

- **Wesen von Investition und Finanzierung.**
  - Betrieblicher Leistungserstellungsprozess ist geprägt durch Gebrauch und Verbrauch von Ressourcen (Rohstoffe und Maschinen).
    → Investitionen halten Wertschöpfungsprozess rentabel bzw. aufrecht.
  - Zahlungsmittelabgang in der Gegenwart wird nur wegen erwartetem Zahlungsmittelzufluss in der Zukunft in Kauf genommen.
    - Unsicherheiten von Investitionen durch zukünftige Ausrichtung (Höhe und Dauer der Zuflüssen sind unbekannt).
    - Verschiedene Einflussfaktoren wirken auf Investitionen, welche kaum abgesehen und später nicht mehr beeinflusst werden können.
    => Berücksichtigung von Risiko- und Zeitaspekten legitimieren Tätigung einer Investition.
  - Finanzierung ist das Gegenteil von Investition: Zahlungsmittelzufluss in Gegenwart, unsicherer Zahlungsmittelabfluss in Zukunft (Versprechen einer Mittelrückführung).
    => Finanzierung und Investition zeichnen sich durch unterschiedliche Zahlungsmittelzu- und -abfuhr aus.

- **Investitionsarten.**
  - ○ Unterteilung der Investitionen gemäß Art des Investitionsobjektes, Investitionsanlass und regionalem Bezug.
    - ▪ **(1) Art des Investitionsobjektes.**
      - • Immaterielle Investitionen in Patente, Nutzungsrechte oder Markennamen.
      - • Sachinvestitionen in Material, Maschinen, Anlagen oder Gebäude.
      - • Finanzinvestitionen in Aktien, Optionen oder Anleihen.
        => Gleiche Aufteilung und Rangfolge der Auflistung in der Bilanz nach HGB.
    - ▪ **(2) Investitionsanlass.**
      - • Erstinvestitionen (Anschaffung von Maschinen im Rahmen der Unternehmensgründung).
      - • Folgeinvestitionen.
        - ○ (a) Ersatzinvestitionen (Neues Investitionsobjekt weist gleiche Kapazität aus wie altes).
        - ○ (b) Erweiterungsinvestition (Neues Investitionsobjekt steigert Kapazitäten des alten).
    - ▪ **(3) Investitionsregion.**
      - • Heimatlandinvestitionen im Heimatland.
      - • Foreign Direct Investment (FDI) sind Auslandsinvestitionen.

„Moderne Unternehmensgeschichte" nach Hartmut Berghoff
Schönigh Verlag, 2004, ISBN: 3-506-97020-8 Zusammenfassung der Seiten 42 bis 105

Neoklassisches Unternehmen.
- **Annahmen der Neoklassik.**
  - ○ Unternehmen streben nur nach Gewinnmaximierung und optimalem Faktoreinsatz.
  - ○ Unternehmen transformieren Input zu Output um diesen zu verkaufen.
  - ○ Alle Marktteilnehmer haben vollständige Informationen über Welt, Preis und Güter haben und rational handeln.
  - ○ Markt ermöglicht kosten- und reibungslose Transaktionen, Preis koordiniert diese.
  - ○ Neoklassik sieht Unternehmen als System voller technischer Unteilbarkeiten (Betreiben eines Hochofens oder Fließbands benötigt mehr als nur einen Mitarbeiter).
- **Kritik an Neoklassik.**
  - ○ Viele Unternehmen haben weniger Arbeiter als maximal möglich, wegen Technisierung.
  - ○ **Nirwana-Trugschluss nach Demsetz**: Nach neoklassischen Annahmen, ist Existenz von Großunternehmen (Integration von Produktionsprozessen) ineffizient, da Markt alle benötigten Güter und Dienstleistungen anbieten → Es müssen nur Ein-Mann-Unternehmen existieren.
  - ○ Transformierungsprozess im Unternehmen verlaufen nicht kostenlos, wenigstens Manager sind kapitalintensiv.
  - ○ Nicht gesamte Arbeit und Input landen im Produktionsprozess, Ausschuss und Zweckentfremdung.
  - ○ Kooperation aller Mitarbeiter und Verfolgen desselben Ziels ist unrealistisch.
    => Unternehmen als „black-box", Produktionsprozess sei lediglich Koordination eines Input- und eines Outputstroms.

- **Kurzüberblick Neoklassik.**
  - ○ Zeichnet utopische Zustände über Unternehmensaufgaben und Produktionsprozess.
  - ○ Innenleben des Unternehmens wird nicht analysiert, sondern einfach als Koordination von Input und Output angesehen.
  - ○ Markt sei bestes Instrument für ökonomisches Handeln, Hierarchie ineffizient und teuer.

Neue Institutionenökonomie.
- **(1) „The Nature of Firm" nach Ronald Coase.**
  - Transaktionskosten auf dem Markt (Such-, Spezifikations-, Informations-, Verhandlungs-, Überwachungs- und Durchsetzungskosten) erklären Existenz und Ausbau von Unternehmen.
  - Transaktionskosten steigen mit zunehmendem **Marktversagen** (Unsicherheit durch fehlende Informationen).
  - Weisungsbefugnisse in Unternehmen gestalten Transaktionen effizienter und günstiger.
- **(2) Alchian & Demsetz.**
  - Zusammenarbeit / Teamproduktion führt zu Synergieeffekten.
    - Problem des **social leafings** in Teams wird durch Internalisierung, Eigentümer hat Weisungs- und Sanktionsbefugnisse und wird Faulheit unterbinden.
      → Zentrale Aufsichtsinstanz kann Mitglieder effizienter antreiben als Mitglieder untereinander.
    - **5 Rechte der Aufsichtsinstanz**: Aneignung des Erfolgs, Kontroll- und Sanktionsbefugnisse, Vertragsbeziehung mit allen Mitgliedern, Recht auf Teamstrukturveränderungen, Befugnis alle Rechte zu veräußern.
      => Ersetzen von Wettbewerb durch Kooperation.
  - Internalisierung ist jedoch auch mit Kosten verbunden (Informations-, Kommunikations-, Leitungs-, Überwachungs- und Durchsetzungskosten).
    - Wichtig um Prinzipal-Agent Probleme zu lösen, Opportunismus zu bekämpfen und Effizienz zu fördern.
      => Ab einer gewissen Organisationsgröße wird Internalisierung teurer als Markt
      → **Organisationsversagen** lässt sich mittels Marginalkostenanalyse berechnen.
- **(3) Transaktionskostentheorie nach Oliver Williamson.**
  - Frage nach dem Make-or-Buy hängt von Tauschfrequenz und Faktorspezifität ab.
    - Geringe Tauschfrequenz oder Faktorspezifität rät zu buy (Markt).
    - Hohe Tauschfrequenz oder Faktorspezifität dagegen besser im Unternehmen (make).
      - Höchst-spezifische Güter bringen Tauschpartner in gegenseitige Abhängigkeit.
      - **Irreversible Investitionen / versunkene Kosten**: Getätigte Investition macht den jeweils anderen Partner erpressbar.
      - **Lock-In-Effekt**: Investition ist ohne Tauschpartner wertlos.
      => Internalisierung wendet lock-in-effekt zu Förderung des Gemeinwohls.
    - Trilaterale Strukturen sind bei geringer Tauschfrequenz und mittlerer Spezifität zu erhalten (Auftraggeber schaltet fachkundigen Vermittler ein, welcher Auftragnehmer überwacht).
    - Mit steigender Spezifität kann eine bilaterale Struktur vorgezogen werden (Agent will Großauftrag behalten, bemüht sich deshalb Anforderungen des Principal gerecht zu werden).
  - **3 Arten von Faktorspezifität.**
    - **Standortspezifität**: Zwei aufeinanderfolgende Produktionsstufen müssen räumlich nahe beieinander liegen (Transportkostenminimierung).
    - **Sachkapitalspezifität**: Speziell für einen Zweck im Unternehmens hergestellte Güter.
    - **Humankapitalspezifität**: Besondere, einzigartige Qualifikation von Arbeitnehmern (Vertrauensverhältnis zu Kunden, Detailkenntnisse der Kunden etc.).
- **(4) Kritik an der Neuen Institutionenökonomie.**
  - Effizienz wird als Prämisse angesehen, aber auch Machtpolitik, Steigerung der Markenbekanntheit / Marktanteile sind Gründe für Internalisierung.
    - Präferenzen, Vorlieben und Emotionen der Führung spielt wichtige Rolle in Unternehmensentwicklung.
  - Vernachlässigung der Politik, übt Druck auf Fusionen aus, beeinflusst durch Steuer- und Rechtssystem Unternehmensgröße.
  - Annahme, dass effiziente ineffiziente Unternehmen verdrängen, ist nicht realistisch.

- **Kurzübersicht Neue Institutionenökonomie.**
  - Transaktionskosten (TK) des Marktes sind abhängig von Informationen, TK des Unternehmens von der Größe.
  - Faktorspezifität und Tauschfrequenz geben Aufschluss über Frage des Make-or-Buy.
  - Opportunismusgefahr des Marktes wird durch Internalisierung besser kontrollierbar.
  - Fortschrittsoptimismus stellt rationales Streben nach Nutzen- / Gewinnmaximierung in den Vordergrund, jedoch beeinflussen viele (irrationale / externe) Faktoren Unternehmensentwicklung.

Chandlers Theorie zur Existenz und Fortbestand von Großunternehmen.
- Unternehmen als organisatorische Antwort auf Chancen und Herausforderungen.
- **„Market-cum-technology environment" bis 1840.**
  - Subsistenzwirtschaft, kaum Handel über lange Strecken möglich, rückständige Technologie.
  - Hauptenergiequellen: Muskel-, Wind- und Wasserkraft; Volkswirtschaft war fragmentiert.
  - Eigentümer-Unternehmer vereinte strategische, operative und funktionale Managementebenen.
- Mit wachsender Unternehmensgröße wurden Managementebenen aufgeteilt.
  - Leitende Angestellte / Meister kümmerten sich um funktionale Aufgaben (Buchhaltung).
  - Vorarbeiter o.ä. um operatives Geschäft (Produktion).
  - Eigentümer-Unternehmer konnte sich auf strategische Entscheidungen konzentrieren.
- **Amerikanische Industrielle Revolution ab 1840.**
  - Transport-, Kommunikations- und Produktionsrevolution durch Eisenbahn, Schifffahrt und Telegraphie.
  - Massenproduktion und -distribution waren möglich.
  - Frage nach Make-or-Buy wurde ab 1870 mit Vorwärts- und Rückwärtsintegration beantwortet.
    - Höhere Produktionskapazitäten wollten auch ausgenutzt werden, deshalb Engpässe fatal.
    - → Wandel von Händler zum Produzenten als wichtigster Wirtschaftsakteur.
- **Aufbau von zentralistischen, funktionales Strukturen.**
  - Organisations-„struktur"-krisen in den 1880/90 führten zu Zentralisation.
  - Mittlere Ebene wurde zu funktionalen Abteilungen, operative Ebene gliederte sich nach Regionen, Werken oder Produktbereichen mit konsequenter Ausrichtung auf die Führungsebene.
    - => Unitary Form // U-Form der Organisation.
- **Differenzierung.**
  - **Produktdifferenzierung**: Aufnahme neuer (meist ähnlicher) Produkte ins Spektrum, z.B. erweitert Kerosinproduzent seine Produktpalette um Benzinproduktion.
    - Aber auch Aufnahme völlig neuer Produktgruppen wegen starker Marke oder Zukunftsträchtigkeit.
  - **Regionale Differenzierung**: Auslandsausdehnung der Produktion um neue Märkte zu erschließen → Markttransaktionskostentheorie.
- **Aufbau dezentralistischer, divisionaler Leitungsstrukturen.**
  - Zunehmende Diversifizierung führte zu Zusammenbruch der funktionalen U-Struktur.
    - Produktion hatte kaum Probleme, da neue Produkte oft ähnlich produziert wurden, aber Marketing, Vertrieb und Verwaltung waren überfordert.
  - Automobilkrise in den 1920ern führte zu Überproduktion und Preisverfall, sodass muli-divisionale M-Struktur erfunden wurde.
    - Für jedes Land und für jedes Produkt wurden eigene Divisionen geschaffen um Führungsebene zu entlasten und auch strategische Entscheidungen zu beschränken.
    - Divisionsmanager trifft die meisten Entscheidungen innerhalb der Sparte, leitet wichtige Informationen an Gesamtkonzernvorstand weiter und berät über Spartenstrategie.
  - Aufteilung in Sparten // „Unternehmungen im Unternehmen" führte zu (i) Spezialisierung des Spartenmanagers und (ii) Motivationssteigerung der Spartenführung.
- Hauptthese des ersten Chandler'schen Werkes: **„Structure follows Strategy".**

- M-Form entstand nicht aus vorausschauender Planung, sondern als Reaktion auf Missstände.
- Strategie der internationalen Expansion oder Diversifizierung führt zu organisatorischer Ineffizienz und einer Krise, aus welcher das Unternehmen mit neuer Organisationsstrategie gestärkt herausgehen wird.
- Optimale Organisationsstruktur war damals nicht bekannt, man musste „experimentieren" / ausprobieren und dennoch kommen unterschiedliche Unternehmen zu ähnlichen Ergebnissen.
- **Kritik an Chandler.**
- Informationsaustausch erfolgt nicht immer so wie im Organigramm vorgesehen, sondern meist außerhalb (Teeküche, Golfplatz).
- Fokus auf Effizienz als oberstes Unternehmensziel, Vernachlässigung der Koalitionstheorie und Präferenzen der Führung.
- Determinismus; M-Form nicht unbedingt Endpunkt der Unternehmensentwicklung.
- „Structure follows Strategy" stimmt nicht immer, oft auch „Strategy follows Structure".
  - Business re-engineering durch Generationenwechsel, da Vorlieben / Ansichten etc. der Führung Organisationsstruktur beeinflussen.
- Unternehmensberatungen drängen Unternehmen bestimmte Trends auf, auch wenn Unternehmen diese gar nicht benötigen.
  → „Structure also follows Fashion" (Richardt Rumelt).
  => „Bounded Rationality", Unternehmerisches Handeln kann nicht nur mit ökonomischen Zweck-Mittel-Denken analysiert werden.

- **Kurzüberblick Chandlers Theorie.**
- 1. Phase in der Corporate Revolution: Economies of Scale.
- 2. Phase: Kostensenkung durch formalistische Zentralisierung von ineffizienten Organisationsstrukturen.
- 3. Phase: Economies of Scope.
- 4. Phase: Zerfall der U-Form und Aufbau der multi-divisionalen M-Form.

Zweites Buch von Chandler: Trennung von Kapitalbesitz und Unternehmensführung.
- Produktionsfortschritt entstand durch Machtübertragung an externe Manager.
- Manager konzentriert sich lediglich auf strategische Entscheidungen, ohne Risiko.
- Drei Managementebenen.
- Topmanagement: Für Strategie und „Organization Building" verantwortlich.
- Mittleres Management: Übernahme taktischer Aufgaben im jeweiligen funktionalen Bereich.
- Unteres Management: Weisungsbefugnisse, aber nur wenig Untergebene.
- **Sieben Managementthesen von Chandler „The Visible Hand".**
- (1) Internalisierung steigert Effizienz und mindert (Markt-)Transaktionskosten.
  - Organisatorische Anforderungen sind hoch, deshalb anfangs U-Form, welche Transaktionskosten im Vergleich zum Markt senken ließ.
  - Beschleunigung der Beschaffung, Produktion und Vertrieb ging mit umfassenderen Kontrollsystemen einher, welche Nachlässigkeiten und Opportunismus ausschließen sollten.
- (2) Aufstiegschancen für Manager trieben diese zu Höchstleistungen an.
  - Visible Hand durch die Manager ersetzte Invisible Hand des Marktes und machte Unternehmen so erfolgreich.
  - Managementsystem geht mit hoher Kapitalintensität einher, deshalb konnten nur Unternehmen Manager einstellen, welche Chancen in 1840er Revolution erkannt und genutzt hatten.
    => Größe der Unternehmen hängt von deren Gewinnträchtigkeit ab (keine individuelle Produktfertigung, sondern Scale und Scope).
- (3) Manager machten Unternehmen stabiler, widerstandsfähiger und langlebiger.
  - Eigenleben der Organisation ermöglicht Fortbestand über Tod des Gründers / Eigentümers hinaus.
  - Ineffizienter Manager kann ersetzt werden, ineffizienter Erbe nicht.

=> Qualifikation und Leistungsbereitschaft ersetzten Erbhierarchie.
- Chandler misstraut Eigentümern, sieht in Managern das „Herz" des Unternehmens.
  - (4) Manager machten Unternehmensführung professioneller.
- Gründer / Eigentümer besaßen oft keine Ausbildung, handelten gemäß Heuristiken, Erfahrung oder Präferenzen.
- Manager haben Erfahrung durch Aufstieg gesammelt oder theoretische Kenntnisse aus Schulen.
  → Weiterbildung durch Fachpublikationen.
- Im späten 19. Jahrhundert weitete sich Bedeutung von fachkundiger Ausbildung aus und viele Business Schools (USA) und Handelshochschulen (Europa) wurden gegründet.
  - Wahrnehmung von Theorie war sehr negativ, Führungsqualitäten seine angeboren und nicht erlernbar, Gründer als Naturtalente.
- Ingenieursschulen / -universitäten gab es dagegen schon im 18. Jahrhundert, Großunternehmen rekrutierten viele ausgebildete Ingenieure.
  - (5) Zwangsläufiger Trend von Trennung von Eigentum und Verfügungsmacht.
- Managementpositionen wurden traditionell mit Familienmitgliedern besetzt, Unternehmensgröße macht dies unmöglich, führte sogar zum völligen Rückzug der Familie aus dem Unternehmen.
- Überforderung familiärer Ressourcen geht mit wachsenden Banken und Kapitalmärkten einher.
- Kapitalgeber besetzen immer mehr den Vorstand, in schwierigen Zeiten wurden Familienmitglieder deshalb durch „bessere" externe Manager ersetzt.
  => Gründerfamilie wird zum Aktionär des Unternehmens.
  - (6) Manager verfolgen andere Ziele als Eigentümer.
- Manager streben langfristigere Ziele als Kapitalgeber an, letztere denken nicht nachhaltig.
- Gründer haben persönliche Vorlieben und Präferenzen, externe Manager wollen ihre eigene Zukunft im Unternehmen sichern.
- Manager tendieren zu Gewinnthesaurierung, Diversifikation und generell höherer Risikobereitschaft, da kein Eigentum im Unternehmen.
  - (7) Manager als sehr einflussreiche soziale Gruppe.
- Managerunternehmen boomen, Frage nach Legitimation der Manager.
- Nach dem WWII entstand u.a. deshalb in den USA die Anti-Monopol-Gesetzgebung.
- Wandel hin zum unternehmensfremden Manager und Schwinden des Einflusses von Mitarbeitern und Gründern.
  → Chandler befasst sich nicht mit politischen Fragen.
- Managerkapitalismus sei effektivste Form, besser als „personal capitalism" oder Finanzkapitalismus der Großbanken.

- **Kritik am Managerkapitalismus.**
  - Adam Smith: Vernachlässigung und Verschwendung, wenn sich nicht-Teilhaber des Unternehmens mit strategischer Führung befassen.
  - Nur Routineaufgaben ohne größeren Spielraum sollten Manager ausführen dürfen.
  - Gefahr des Opportunismus anhand der Pricipal-Agent-Theory.
  - Bilanzkosmetik, Unterschlagung, überhöhte Repräsentationsaufgaben für eigene Reputation.
  - Einfluss der Mitarbeiter, Gewerkschaften, Öffentlichkeit, Politik und anderer Stakeholder wird vernachlässigt.
    - „Diffused entrepreneurship": Untere Ebenen können auch strategische Aufgaben ausarbeiten oder „zündende Ideen" haben; Manager sollten sich von unteren Ebenen belehren lassen.
  - Viele Gründer haben durch Kompetenz oder Interesse trotzdem noch Einfluss auf Unternehmen ausgeübt, auch wenn formal nicht nötig / möglich.
  - Unternehmenserben im 20. Jahrhundert besuchten oft Wirtschaftshochschulen um sich weiterzubilden, waren also durchaus fähig als Manager zu leiten.

- Eigentümer dachten damals kurzfristig („Anfängerfehler"), mittlerweile aber deutlich langfristiger als die meisten Manager.
- Manager verschieben wichtige, unangenehme Probleme auf nach ihren Frühruhestand.
- „Personal capitalism" ist stärker als Chandler sagt, in USA gibt es einige erfolgreiche Unternehmen, welche familiengeführt sind, in DE sogar bis in die 4. (Miele) oder 5. (Freudenberg) Generation.

- **Ursprünge des modernen Managements.**
  - Management ist kein neuzeitliches Phänomen, existierte schon lange vorher.
  - Großgrundbesitzer hatten wenig Interesse an ihrem Land, lebten in der Stadt und stellten Verwalter zum Sammeln der Naturalien, Pachtzahlungen etc. ein.
  - Verlagssystem war so komplex, das Verleger oft Assistenten, Buchhalter, Lagerverwalter und Verkäufer einstellten um Überblick zu behalten.
  - „Subcontracting" im Baugewerbe: Verlagerung von Aufgaben an selbstständige Subunternehmen (Ziegler, Architekten, Skulpturhauer).
    → Führte zu kurzfristiger Orientierung, fehlende nachhaltige Unternehmenskultur.
  - Militär und Verwaltung prägten (mehr oder weniger) effiziente autoritäts- und Kommunikationskanäle (Bürokratie) aus, welche Wirtschaftsordnung stark beeinflussten.
  - Überseehandelsgesellschaften im 17. und 18. Jahrhundert waren Vorläufer des Managements, da Zentrale in London mehrere Schiffe und viele Kontore koordinieren und kontrollieren musste.
    → Aufbau formalistischer, funktional-differenzierter Leistungsstrukturen.
    - Überseeaktiengesellschaften umfassten strenge Hierarchien und mehrere tausend Mitarbeiter.
    - Staatliche Privilegien und Monopolstellung führten zu keiner Trennung von Eigentum und Führung, Familien konnten an der Spitze bleiben und delegieren.

- **Pionierrolle der Eisenbahn.**
  - Eisenbahngesellschaften hatten extrem hohen Kapitalbedarf, deshalb AGs gegründet.
    → Handel von Eisenbahnaktien und -anleihen führte zum Aufstieg der Wall Street Börse.
  - Fachliche Anforderungen im Eisenbahnbau konnten Familienmitglieder nicht länger gerecht werden, deshalb externe Arbeiter eingestellt, welche Kontrollfunktionen bekamen.
  - Wegen hoher Verschuldung (Eisenbahn erwirtschaftet erst nach Bau Umsatz) war Finanzmanagement wichtig.
  - Druck der Öffentlichkeit und der Geldgeber, Unfälle führten zu Systematisierung der Leistungsstrukturen.
  - M-Form Megaorganisationen der Eisenbahngesellschaften, stark funktional gegliedertes Stab-Linien-System.
    - „Board of Directors" und ein Direktor an Spitze, vergleichbar mit Top-Management.
    - Stabstellen „central offices" hatten Beratungsfunktion und entlasteten Führungsebene zur besseren Ausrichtung auf strategische Entscheidungen.
      → Stab- und Linienaufgaben verschwammen in Realität.
    - 3 Vizepräsidenten für Finanzen, Beschaffung / Infrastruktur und Verkauf.
    - „General superintendents" standen darunter, kontrollierten je 3 Divisionen (= Regionen).
    - „Division superintendents" standen einzelnen Divisionen vor und überwachten alles, bis zum Bahnwärter.
      => Alle Führungspersonen hatten Stabstellen zur Seite gestellt bekommen.
    - Eindeutige Regelungen für Verantwortlichkeiten, Hierarchien und Kommunikationswege.
      → Kontinuierlicher, formalistischer Informationsfluss wurde institutionalisiert.

- **Skalenerträge, Synergien und Wettbewerbsvorteile von Nationen.**
  - Porter: Produktivität von Unternehmen entscheidet über nationale Wettbewerbsvorteile.
    - Beziehung des Unternehmens zu Zulieferern, Kunden und Forschungseinrichtungen (kurz: Einbettung in effizienzfördernde Umwelt).

=> Fähigkeit von Unternehmen sich ein solches Umfeld zu schaffen, entscheidet über Erfolg.

- **„SST-Economies" - Chandlers drittes Werk.**
  - Betrachtung des Inneren von Unternehmen, charakterisiert durch 3 Arten von Größenvorteilen.
  - **(1) „Economies of Scale" // Skalenerträge.**
    - Fixkostendegression bei Massenproduktion bis zum optimalen Punkt lässt Unternehmen von Minimalkostenkombination profitieren.
  - **(2) „Economies of Scope" // Verbundvorteile.**
    - Nutzung von Synergieeffekten und bessere Kapazitätenauslastung durch Integration zusätzlicher Produkte.
    - Bsp. Bayer stellte Farbmittel her und integrierte Pharmazeutik, da Abfall-/Zwischenprodukte der Farbherstellung für Medizin genutzt werden konnte.
    - Voraussetzung ist verbindendes Element wie gemeinsame Rohstoffe, Verfahren oder Vertriebssturkturen.
  - **(3) „transaction-cost Economies".**
    - Vor- und Rückwärtsintegration führt zu sinkenden Transaktionskosten und Abbau von Unzuverlässigkeiten des Marktes.
    - **„Three-Pronged Investment" (Dreizackinvestition)**: Notwendigkeit in alle drei Bereiche Produktionstechnologie, Marketing und Management zu investieren, ansonsten kein nachhaltiger Erfolg.
    - **„Hochgeschwindigkeitsdurchsatz"**: Kapitalintensive Unternehmen brauchen hohe Kapazitätenauslastung und schnellen Fluss der Ressourcen durch Wertschöpfungskette.

- **Expansionsstrategien.**
  - Erreichen einer bestimmten Unternehmensgröße ist Voraussetzung zur Nutzung der SST-Vorteile.
  - 5 Varianten dorthin sind zu unterscheiden.
    - (1) **Marktdurchdringung**: Erhöhung des Absatzes pro Abnehmer.
    - (2) **Horizontale Integration**: Aufkauf von ähnlichen Unternehmen / Konkurrenten.
    - (3) **Vertikale Integration**: Vor- oder Rückwärtsintegration.
    - (4) **Marktentwicklung** durch geographische Expansion.
    - (5) **Diversifizierung**: Effizienzsteigerung durch Nutzung von Synergien oder Risikosteuerung durch Integration völlig neuer Produkte / Dienstleistungen.
      - Erfolgreiche Konglomerate entstanden, welche völlig unterschiedliche Produkte anboten, aber durch wachsende Marktanteile immer erfolgreicher wurden.
      - Hanson Trust hatte Produkte Zigaretten, Kohle, Zement und Ziegelsteine.
      - → Entsprechen nicht unbedingt der Chandlerschen Theorie.
  - „First Mover Advantage" entsteht durch erste Umsetzung / Vereinigung der SST-Vorteile.
    - Führt meist zu Marktführerschaft, da „followers" viele Nachteile erfahren.

- **Managerial Capitalism, Made in USA.**
  - Amerikanische Großkonzerne haben früh SST-economies genutzt, multidivisionales Management aufgebaut und die USA zur stärksten Volkswirtschaft der Welt gemacht.
  - Kartellverbote führten zu Fusionen um Wettbewerbsvorteile zu erhalten, deshalb Großunternehmen entstanden.
  - Verbotene Monopolstellungen von Du Pont, Standard Oil, Bell Telefongesellschaft und fast auch Microsoft wurde durch gesetzlich-veranlasste Aufspaltungen beendet.
    - Chandler sieht Existenz von Oligopolen nicht als schädlich an, sondern sieht diese als Stützpfeiler der amerikanischen Wirtschaft.

- **Personal Capitalism, Made in UK.**

- Anteil UKs an Weltindustrieproduktion hat sich mehr als halbiert, weil Großunternehmen SST-economies und Three-Pronged Investments versäumt haben.
- Britischer Markt hatte keine Marktführer, war atomistisch; selbst nach Zusammenschluss aus Angst vor amerikanischer Konkurrenz entstand wegen fehlendem Management kein Marktführer.
  - Synergien und Skalenerträge wurden nicht (ausreichend) genutzt, Autonomie der einzelnen Firmen blieb bestehen.
  - Familienmitglieder besetzten weiterhin Führungspositionen, getrieben von Familienstolz und Eifersucht, Übertragung der Leitung an familienfremde Manager war undenkbar.
- Manager in UK hatten kein soziales Prestige, erfuhren starkes Misstrauen.
- Hochschulen konzentrierten sich nicht auf Wirtschaft, Unternehmertum sei angeboren, nicht erlernbar, akademisch ausgebildete Führungskräfte wurden als „Bücherwürmer" abgestempelt.
- Investitionen in R+D wurden nicht getätigt, neue Trends von überlasteter Führungsspitze zu spät erkannt.
- Persönliche Macht und Dividendenausschüttungen waren wichtiger als Wachstumschancen.
  → Scheu vor Investitionen führte zu technologischer Rückständigkeit.
- Versagen UKs fußt laut Chandler auf (i) „Erfolgsverwöhntheit der ersten Industrienation", (ii) Tradition des Familienunternehmertums und (iii) geringe Bedeutung von standardisierten Massenprodukten im eigenen Binnenmarkt.
- **Kritik am Großbritannienbild von Chandler.**
  - Lässt sich nicht auf jedes Unternehmen verallgemeinern, viele britische Unternehmen verzeichneten weiterhin (hohes) Wachstum.
    - Innovationen im Einzelhandel wurden schnell erkannt, Cadbury, Unilever etc. bauten viele Fabriken, integrierten rückwärts und etablierten sich in UK.
    - An Spitze von britischen Großunternehmen waren weiterhin Familienmitglieder, aber gewährten Managers (großen) Entscheidungsspielraum.
    - Zunehmende Kooperation mit Universitäten zur Rekrutierung fähiger Wissenschaftler und Manager, Wandel zur M-Form.
  - Bedeutungsverlust dieses kleinen Landes durch neue, aufstrebende Industrienationen war absehbar.
    - Niedrige Löhne und hohe Nachfrage nach spezifischeren Produkten hätte „rückständige Technologien" noch lange rentabel gehalten.
    → Konzept der SST-Economies war für UK nicht nötig.
  - Kolonialerfahrung hat zu vielen hoch-qualifizierten Händlern geführt, sodass Markt effizient genug war.
    → Amerikanischer Markt musste sich erst entwickeln, deshalb Marktversagen und Internalisierung.

- **Kooperativer Managerkapitalismus, Made in Germany.**
  - Industrialisierung hat in DE „co-operative capitalism" (organisierter Kapitalismus) geschaffen.
  - Viele Unternehmen sehen sich nicht als Konkurrenten, stimmen sich außerhalb des Marktes ab.
  - Vier Kernelemente des deutschen Kapitalismus.
    - **(1) Enge Beziehung zum Staat.**
      - Zollschutz, Subventionen, Bürgschaften, Garantien, Wirtschafts- und Regionalförderung, Absprachen sowie „konzentrierte Aktionen" sind charakteristisch für dt. Wirtschaft.
    - **(2) Hochdifferenziertes Verbandswesen.**
      - Verbände betreiben Lobbyismus ggü. Behörden, konsensbildend, regulieren Marktbedingungen.
      - Dt. Gesellschaft ist hochgradig durchorganisiert, Zwangsmitgliedschaft für dt. Unternehmen in Industrie- und Handelskammern.
    - **(3) Kartellbildungen in 1870ern bis 1957.**

- Kartelle genossen Schutz der Gerichte bis 1945, wurden als privatrechtliche Verträge behandelt.
- Kartelle wurden zum Massenphänomen, brachte Ordnung in die Wirtschaft der Weimarer Republik.
- NS-Regime förderte Kartellbildung wegen besserer Kontrolle.
- 1945 drängte USA DE dazu, Kartelle zu verbieten, da als Wettbewerbsverzerrung angesehen.
  => Chandler sieht Kartelltradition positiv, da keine Selbstzufriedenheit und Erschlaffung der Unternehmer herbeigeführt.
- Kleiner dt. Binnenmarkt machte Weltmarkt für DE attraktiv, hohe Kartellgewinne im Inland ermöglichten geringere Preise im Ausland.
- Chandler sieht Kooperationsbereitschaft im Inland als legitim an, da DE im Ausland oft und lange diskriminiert wurde.
- **(4) Größere Macht / Einfluss der Banken in DE als in USA.**
- Britische Banken spekulierten lieber mit Aktien, da lukrativer.
- Deutsche Banken vermittelten langfristiges Investitionskapital, finanzierten Unternehmen und waren in Aufsichtsräten präsent.
  - Wenn eine Bank in Aufsichtsräten von Konkurrenten saß, konnte Konkurrenzkampf (zumindest kurzfristig) verhindert werden.
    => Verbindung von Banken und Unternehmen in DE ist einzigartig, Begriff „Hausbank" gibt es in keiner anderen Sprache.
- Bankenkapital ermöglichte Bildung von Großunternehmen in Schwerindustrie, Chemie und Elektronik, führte zu schneller Diversifizierung und Internalisierung.
- Dt. Schulen lieferten hoch-qualifizierte Manager, spielten entscheidende Rollen in Unternehmen, jedoch Unternehmensspitze immer noch von Familienangehörigen besetzt.
  → Trend des „personal capitalism" ging seit den 1920ern inkrementell zurück.
- 1907 waren dt. Unternehmen weiter diversifiziert als amerikanische, „aus Bedingungen aufzuholender Rückständigkeit".
- Rückständigkeit drängte zu Internalisierung (Markt war nicht zuverlässig) und zu Diversifikation (wegen wenig entwickelten, undurchsichtigen Absatzmärkte).
  → Deutscher Markt musste sich schneller entwickeln als amerikanischer, konnte nicht auf ähnliches wie englische Tradition zurückgreifen.
- Familienunternehmen profitierten von dt. Bürokratie, sodass Organisationsstrukturen von Beginn an ziemlich effizient waren.
  - Firmensitz hieß „Oberbehörde", Angestellte „Privatbeamte", aufgeteilt in „Oberbeamte", „Unterbeamte" und „Hülsbeamte".
    - Praktische Unkündbarkeit und laufbahnmäßige Beförderung gefiel vielen Angestellten.
  => Dt. Unternehmen profitierten ungemein von Bürokratie- und Bildungstradition DEs.
- Siemens gelang die Divisionalisierung, einzelne Sparten waren in eigenen Werken angesiedelt und weitreichend autonom.
  - Vertriebsaktivitäten wurden von Zentralverkehrsverwaltung koordiniert, schufen jedoch interne Märkte und i.g.W. Konkurrenzdenken.
- **Kritik an Chandler bzgl. Größenvorteilen.**
  - Chandler bezieht SST-economies auf energie- und kapitalintensive Branchen, aber Größe ist nicht zwangsläufig ein Garant für Erfolg und Erfolg nicht zwangsläufig mit Größe verbunden.
    - Arbeitsintensive Sektoren oder individuelle Produkte werden vernachlässigt.
  - Kleinere und mittlere Unternehmen (KMUs) beeinflussen Wohlstand einer Volkswirtschaft oft genauso sehr wie die einigen, wenigen Großunternehmen (Bsp. UK Dienstleistungssektor).
    → Deutschland ist und bleibt Land der familiengeführten KMUs.
  - Dt. Megakonzerne hatten nicht die vorbildliche Struktur, welche Chandler beschreibt, „M-Form" entstand als Reaktion auf Not der Weimarer Republik.

- Vernachlässigung von Politik, so war z.B. „Reichswerke Hermann Göring" 1937 größter Stahlproduzent Europas mit 600.000 Beschäftigten, aber nicht wegen SST-Economies, sondern wegen Nazi-Wirtschaftspolitik um andere Länder auszubeuten.
- **Gründe für Fusionen** liegen nicht nur in Effizienzsteigerung, sondern auch in: (i) Krisenbranchen zur Überlebenssicherung, (ii) Steuervorteile, (iii) Lobbyismus, (iv) politischer Druck, (v) Angst vor feindlichen Übernahmen, (vi) verbesserter Zugang zum Kapitalmarkt.
- Chandler vernachlässigt Kultur und Geschichte Europas.
  - Einwanderungstradition in USA führte zu neuer, einzigartiger Kultur; in Europa waren Menschen vom Klassensystem und Feudalismus geprägt.
  - Neuer amerikanischer Markt fand Absatz für standardisierte Massenprodukte, in Europa nicht.
  - Amerikanische Arbeiter waren unqualifiziert und teuer, europäische dagegen hochqualifiziert und billig, sodass Anschaffung kapitalintensiver Maschinen als sinnlos angesehen wurde.
  - Rohstoffvorkommen der USA und Mangel in Europa führten zu unterschiedlichen Wirtschaftssystemen; Europa musste handeln, Amerika konnte produzieren.
  => Es ist ein Fehler drei Nationen mit ein und denselben Kriterien zu vergleichen.
- Chandler untersucht Rentabilität von Großunternehmen nicht, möglicherweise waren „schlechte" englische Unternehmen (viel) rentabler als „SST-economy-Nutzer".
  → Unternehmen streben nicht nach Größe und rentabler zu werden, sondern um Wettbewerb auszuschalten.
  - Sukkoo Kim bewies, dass Beschäftigtenanzahl in US „multi-unit firms" zw. 1958 und 1987 um 31% stieg, Kosten für Koordination (Managergehälter) deswegen um 69%.
- „Siegeszug der Großunternehmen" nehmen Kapitalismus seine Dynamik.
  - Konzentration knapper Rohstoffe mindert Innovationspotential eines atomistischen Marktes.
- Nach erster Ölkrise und einhergehender Stagflation 1973 sanken Unternehmensgrößen, flachten Hierarchien ab und wurden Ad-hoch-Projektgruppen eingeführt um Kommunikation zu vereinfachen und zu beschleunigen.
- Interne Märkte stehen nach Globalisierung vor erheblicher Konkurrenz.